Ganze gidee.

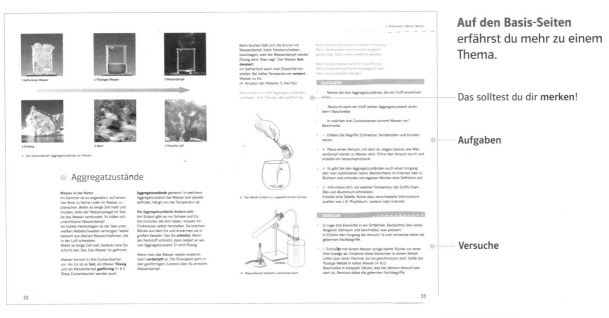

2 Temperatur, Wärme, Wetter

Beim Kochen füllt sich die Küche mit Wasserdampf. Kalte Fensterscheiben beschlagen, weil der Wasserdampf wieder flüssig wird. Man sagt: Das Wasser **kondensiert**.
Im Gefrierfach kann man Eiswürfel herstellen. Bei tiefen Temperaturen **erstarrt** Wasser zu Eis.
(▸ Struktur der Materie, S. 154/155)

Wasser kann in drei Aggregatzuständen vorliegen: fest, flüssig oder gasförmig.

Beim Schmelzen wird ein Feststoff flüssig. Beim Verdampfen wird eine Flüssigkeit gasförmig. Dazu muss erwärmt werden.

Beim Kondensieren wird ein Gas flüssig. Beim Erstarren wird eine Flüssigkeit fest. Dazu muss gekühlt werden.

AUFGABEN

1   Nenne die drei Aggregatzustände, die ein Stoff annehmen kann.

2   Wodurch kann ein Stoff seinen Aggregatzustand verändern? Beschreibe.

3   In welchen drei Zustandsarten kommt Wasser vor? Beschreibe.

4   ◐ Erkläre die Begriffe Schmelzen, Verdampfen und Kondensieren.

5   ◐ Plane einen Versuch, mit dem du zeigen kannst, wie Wasserdampf wieder ein Wasser wird. Führe den Versuch durch und erstelle ein Versuchsprotokoll.

6   ● Es gibt bei den Aggregatzuständen auch einen Vorgang den man Sublimieren nennt. Recherchiere im Internet oder in Büchern und schreibe mit eigenen Worten eine Definition auf.

7   Informiere dich, bei welcher Temperatur die Stoffe Eisen, Blei und Aluminium schmelzen.
Erstelle eine Tabelle. Nutze dazu verschiedene Informationsquellen wie z. B. Physikbuch, Lexikon oder Internet.

VERSUCHE

1   a) Lege drei Eiswürfel in ein Schälchen. Beobachte über einen längeren Zeitraum und beschreibe, was passiert.
b) Erkläre den Vorgang bei Versuch 1a und verwende dabei die gelernten Fachbegriffe.

2   ! Schneide mit einem Messer einige kleine Stücke von einer Zinn-Stange ab. Erwärme diese Stückchen in einem Metall-Löffel über einer Flamme, bis sie geschmolzen sind. Gieße das flüssige Metall in kaltes Wasser (▸ B 2).
Beschreibe in knappen Sätzen, was bei deinem Versuch passiert ist. Benutze dabei die gelernten Fachbegriffe.

2 Das Metall erstarrt zu ungewöhnlichen Formen.

Kühlbad
3 Wasserdampf entsteht und kondensiert.

○ **Aggregatzustände**

Wasser in der Natur
Im Sommer ist es angenehm, auf einem See Boot zu fahren oder im Wasser zu planschen. Bleibt es lange Zeit heiß und trocken, sinkt der Wasserspiegel im See, da das Wasser verdunstet. Es bildet sich unsichtbarer Wasserdampf.
An kühlen Herbsttagen ist der See unter weißen Nebelschwaden verborgen. Nebel besteht aus kleinen Wassertröpfchen, die in der Luft schweben.
Bleibt es lange Zeit kalt, bedeckt eine Eisschicht den See. Das Wasser ist gefroren.

Wasser kommt in drei Zustandsarten vor: Als Eis ist es **fest**, als Wasser **flüssig** und als Wasserdampf **gasförmig** (▸ B1). Diese Zustandsarten werden auch

Aggregatzustände genannt. In welchem Aggregatzustand das Wasser sich jeweils befindet, hängt von der Temperatur ab.

Die Aggregatzustände ändern sich
Am Südpol gibt es nur Schnee und Eis. Die Forscher, die dort leben, müssen ihr Trinkwasser selbst herstellen. Sie brechen Blöcke aus dem Eis und erwärmen sie in großen Kesseln: Das Eis **schmilzt**. Wenn der Feststoff schmilzt, dann ändert er seinen Aggregatzustand. Er wird flüssig.

Wenn man das Wasser weiter erwärmt, dann **verdampft** es. Die Flüssigkeit geht in den gasförmigen Zustand über. Es entsteht Wasserdampf.

1 Die verschiedenen Aggregatzustände von Wasser

32   33

Auf den Basis-Seiten
erfährst du mehr zu einem Thema.

Das solltest du dir **merken**!

Aufgaben

Versuche

Symbole im Buch

1   Schülerversuch: Auch die Schülerversuche darfst du nur auf Anweisung der Lehrkraft durchführen. Die allgemeinen Hinweise zur Vermeidung von Unfällen beim Experimentieren müssen bekannt sein.

1ᴸ   Lehrerversuch

!   Gefahrenhinweis: Hier müssen besondere Vorsichtsmaßnahmen getroffen werden.

👍   Super!

❓   Wenn du noch Fragen hast, dann schau auf dieser Seite nach.

◎   Weitere Infos auf CD

▷ B 2 Bildverweis
►   Verweis auf ein Basiskonzept oder eine andere Seite

Aufgaben:

○   einfach
◐   mittel
●   schwer

Zusatzangebote im Internet:

Auf den Einstiegsseiten im Buch findest du Prisma-Codes.

🌐   yi7b9h

Diese Codes führen dich zu weiteren Informationen, Materialien oder Übungen im Internet. Gib den Code einfach in das Suchfeld auf **www.klett.de** ein.

PRISMA Physik 1

Nordrhein-Westfalen

Jürgen Birkner
Simone Dietze
Roland Ritter
Josef Saal
Karl-Heinz Sonntag

Ernst Klett Verlag
Stuttgart · Leipzig

Inhalt

SONNENENERGIE UND WÄRME

Inhalt

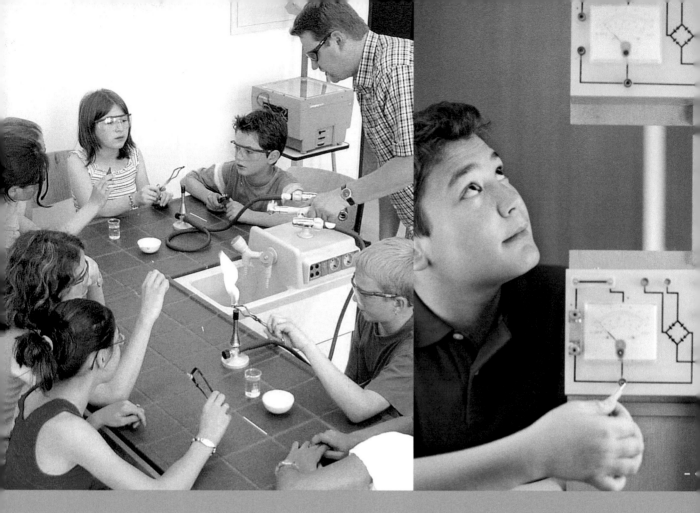

1 Arbeiten wie die Naturwissenschaftler

- Warum macht man Experimente?

- Wie präsentiere ich Ergebnisse in interessanter Form?

- Was muss ich im Fachraum beachten?

- Wie finde ich Informationen zu einem bestimmten Physik-Thema?

1 Verhalten im Fachraum

⊙ Experimentieren – aber sicher

Ordnung und Übersichtlichkeit
In einem Durcheinander lässt sich nicht gut arbeiten. Um sicher experimentieren zu können, brauchst du einen aufgeräumten Arbeitsplatz.

Vorbereitung des Versuchs
Lies dir vor dem Experimentieren die Versuchsanleitung genau durch:
– Was genau soll untersucht werden?
– Wie soll der Versuch durchgeführt werden?
– Welches Material wird benötigt?
– Wo befindet sich das benötigte Material?

Sicherheitsregeln
Damit du dich und deine Mitschüler beim Experimentieren nicht verletzt, musst du dich an einige Sicherheitsregeln halten:
– Im Fachraum darf weder gegessen noch getrunken werden. Lebensmittel gehören in deine Schultasche.
– Beim Arbeiten mit Gasbrennern, Kerzen, heißen Geräten oder heißen Flüssigkeiten kannst du dich leicht verbrennen. Der Gasbrenner und die anderen Geräte müssen daher stabil stehen. In der Nähe dürfen sich keine brennbaren Gegenstände befinden. Lange Haare müssen zurückgebunden werden.
– Trage bei Experimenten mit dem Gasbrenner und auf Anweisung immer eine Schutzbrille.
– Achte darauf, dass der Versuchsaufbau stabil steht und nicht umkippen kann.
– Setze für Versuche mit elektrischem Strom nur Spannungsquellen bis 24 Volt (24 V) ein. Experimentiere niemals mit Strom direkt aus der Steckdose!

Geteilte Arbeit macht doppelten Spaß
Viele Versuche lassen sich besser zu zweit oder in Gruppen durchführen. Damit jeder genau weiß, was er zu tun hat, sollten die Aufgaben vorher besprochen werden:
– Wer holt die Geräte?
– Wer bringt die Geräte wieder zurück?
– Wer notiert die Ergebnisse?

Aufräumen und entsorgen
Räume die Materialien und Geräte immer sauber und ordentlich zurück. Chemikalienreste werden nach Anweisung der Lehrerin oder des Lehrers entsorgt.

Sicherheitseinrichtungen

Im Fachraum gibt es Anschlüsse für Strom, Gas und Wasser. Außerdem findest du Einrichtungen, die der Sicherheit dienen. Da du in diesem Raum oft selbstständig experimentieren wirst, musst du dich mit den Sicherheitseinrichtungen unbedingt vertraut machen.

Halte dich beim Experimentieren genau an die Anweisungen. Achte auf deine eigene Sicherheit und die Sicherheit deiner Mitschülerinnen und Mitschüler.

5 Die **Augendusche** dient dazu, Spritzer oder andere kleine Fremdkörper, die dir ins Auge gekommen sind, auszuwaschen.

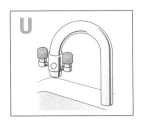

1 Das grüne Schild zeigt dir den **Fluchtweg** ins Freie. Diesen Weg solltest du mit deiner Lehrerin oder deinem Lehrer einmal zusammen gegangen sein.

3 Der **Erste-Hilfe-Kasten** enthält Verbandsmaterial für kleinere Verletzungen.

2 Zum Löschen von Bränden ist ein **Feuerlöscher** vorhanden. Informiere dich über die richtige Handhabung.

4 Für den Fall, dass die Kleidung einer Mitschülerin oder eines Mitschülers Feuer fängt, liegt eine **Löschdecke** bereit. Übt, wie man mit der Löschdecke umgeht.

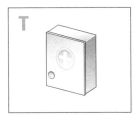

6 Neben den Türen und am Lehrerpult findest du **NOT-AUS-Schalter**. Wird ein solcher Schalter gedrückt, werden alle Strom- und Gaszuleitungen unterbrochen.

AUFGABEN

1 ○ Lies dir auf den Kärtchen die Texte zu den Sicherheitseinrichtungen durch und suche die jeweils zugehörige Bildkarte. Die Nummern auf den Textkärtchen geben dann die Reihenfolge der Buchstaben für das Lösungswort an.

2 ○ Nenne wichtige Sicherheitsregeln für das Experimentieren.

3 ◒ Chemikalienreste müssen sorgfältig entsorgt werden. Begründe.

4 ◒ In Bild 1 läuft einiges falsch. Welche Schülerinnen und Schüler verhalten sich falsch und unvorsichtig? Schreibe alles auf und gib Ratschläge, wie man es besser macht.

5 ◒ Präsentiere die Regeln für sicheres Experimentieren vor deiner Klasse.

Suchen und finden im Internet

1

Suchen und finden
Wenn du spezielle Informationen benötigst, musst du die Adresse kennen, unter der die Informationen zu finden sind.

Wenn du die Adresse nicht auswendig weißt, brauchst du eine Suchmaschine. Eine Suchmaschine kannst du dir wie ein riesiges Lexikon vorstellen. Nach Eingabe eines Begriffs erstellt die Suchmaschine eine Liste mit Seiten, die deinen Suchbegriff enthalten.

Häufig befindet sich oben rechts im Browser-Fenster schon das Suchfeld einer Suchmaschine. Wenn du in das Suchfeld ein Stichwort eingibst und dann auf „Suche" klickst oder die Eingabetaste drückst, beginnt die Suchmaschine damit, passende Seiten im Internet zu suchen.

Das Internet
Das Internet ist ein Zusammenschluss vieler Computer. Auf diese Weise ist eine Art riesige Bibliothek entstanden, in der du viele Informationen finden kannst.

Mit einem Browser bewegst du dich im World Wide Web (Weltweites Netzwerk). In der Adresszeile kannst du sofort bekannte www-Adressen eingeben, zum Beispiel **www.klett.de**.

2

3

Wenn du zum Beispiel Informationen über Feuerlöscher benötigst, musst du in der Suchzeile eingeben:

Feuerlöscher

Wenn du anfängst, einzelne Buchstaben deines Stichworts einzutippen, wird dir in vielen Fällen schon eine Auswahl von häufigen Stichwörtern unter dem Suchfeld angeboten. Mit den Richtungstasten und der Eingabetaste kannst du eines der angebotenen Stichwörter auswählen. Oder du klickst eines der angebotenen Stichwörter mit der Maus an.

In den meisten Fällen erzielt die Suchmaschine jetzt aber nicht nur einen Treffer, sondern viele Treffer, vielleicht sogar Millionen Treffer. Dein Stichwort ist dann zu allgemein und die Information, die du eigentlich suchst, ist nur schwer zu finden.

Verfeinern der Suche
Alle Suchmaschinen erlauben es, die Suche zu verfeinern, indem man mehrere Stichwörter in der Suchzeile einträgt:

Arten von Feuerlöschern

Mit mehr Stichwörtern erhältst du weniger angebotene Seiten. Dafür passen die Seiten besser zu der Information, die du suchst.
Achte aber stets darauf, dass du nicht auf Werbeseiten oder Verkaufsseiten landest.

Bildersuche
Wenn du ein Bild suchst, dann kannst du – häufig in der obersten Zeile – anklicken, dass du nur Bilder als Suchergebnis bekommen möchtest. Du erhältst dann eine Vorschau passender Bilder. Auch deine Bildersuche kannst du mit mehreren Stichwörtern verfeinern.

Favoriten/Lesezeichen hinzufügen
Wenn du eine Seite öfter besuchst, dann kannst du diese Seite als „Favorit" oder „Lesezeichen" hinzufügen. Durch Favoriten gelangst du schnell und ohne Tipparbeit zu deinen gewünschten Seiten.

AUFGABEN

1 ◔ Finde im Internet Informationen über die verschiedenen Arten von Feuerlöschern.

2 ● Findet im Internet Texte, die die Handhabung von Feuerlöschern beschreiben. Stellt eure Ergebnisse auf einem Plakat dar.

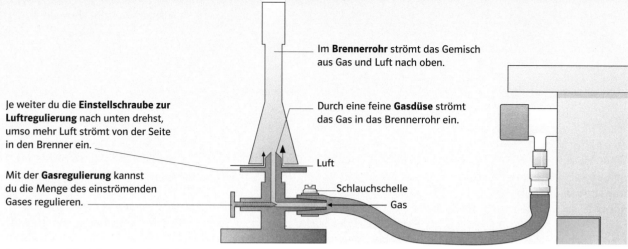

Im **Brennerrohr** strömt das Gemisch aus Gas und Luft nach oben.

Je weiter du die **Einstellschraube zur Luftregulierung** nach unten drehst, umso mehr Luft strömt von der Seite in den Brenner ein.

Durch eine feine **Gasdüse** strömt das Gas in das Brennerrohr ein.

Mit der **Gasregulierung** kannst du die Menge des einströmenden Gases regulieren.

Luft

Schlauchschelle

Gas

1   Aufbau und Funktionsweise des Teclubrenners

◉ Der Gasbrenner

Um Stoffe zu erhitzen, werden häufig Gasbrenner verwendet. Es gibt unterschiedliche Arten von Gasbrennern. Bild 1 zeigt dir den Aufbau und die Funktion des häufig verwendeten Teclubrenners.

Flamme, Hitze und Ruß
Wenn du die Luftzufuhr am Gasbrenner schließt, entsteht eine gelb **leuchtende Flamme** (▷ B 2, links), die stark rußt. Drehst du die Einstellschraube am Brennerrohr nach unten, verschwindet das Leuchten. Es entsteht eine **nicht leuchtende Flamme** (▷ B 2, Mitte). Mit dieser Flamme wird in den meisten Fällen gearbeitet. Ist die Luftzufuhr ganz geöffnet, entsteht eine sehr heiße, **rauschende Flamme** (▷ B 2, rechts).

Entzünden des Gasbrenners
Setze immer eine Schutzbrille auf, bevor du den Gasbrenner entzündest. Der Brenner sollte sicher in der Tischmitte stehen. Verbinde den Gasschlauch fest mit der Gasleitung am Tisch. Achte darauf, dass beim Entzünden des Gases die Luftzufuhr geschlossen ist.

Über die Luftzufuhr kann man am Gasbrenner eine leuchtende, eine nicht leuchtende oder eine rauschende Flamme einstellen.

AUFGABEN

1   ○   Nenne Sicherheitsmaßnahmen für das Entzünden des Brenners.

2   ◑   Beschreibe, wie du die unterschiedlichen Flammentypen am Gasbrenner einstellen kannst.

3   ◑   Erkläre, warum die leuchtende Flamme für die Arbeit im Labor wenig geeignet ist.

4   ◑   Beim Arbeiten mit dem Gasbrenner darf auf keinen Fall unbemerkt Gas ausströmen. Begründe.

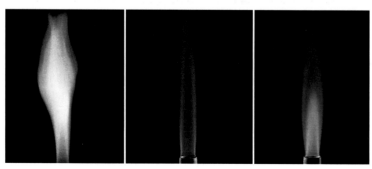

2   Leuchtende, nicht leuchtende und rauschende Flamme (von links nach rechts)

◉ Umgang mit dem Gasbrenner

1 Bei geschlossener Luftzufuhr entsteht eine leuchtende Flamme.

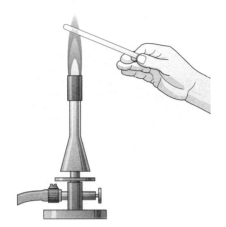

2 So untersuchst du die Flammenzonen der rauschenden Flamme.

3 Über der Flamme des Teelichts verrußt das Reagenzglas.

Hier kannst du den Umgang mit dem Gasbrenner üben.

1 Wie bedient man einen Gasbrenner?
Material
Schutzbrille, Haarband (bei langen Haaren), Gasbrenner, Anzünder

Versuchsanleitung
a) Setze die Schutzbrille auf und binde lange Haare zusammen.
b) Schließe am Gasbrenner die Gaszufuhr und die Luftzufuhr.
c) Stelle den Gasbrenner standsicher auf und verbinde den Gasschlauch mit der Gasleitung. Öffne den Gashahn.
d) Öffne jetzt die Schraube zur Gasregulierung und entzünde das ausströmende Gas sofort.
e) Öffne die Luftzufuhr und schließe sie wieder.
f) Schließe zum Löschen des Gasbrenners zuerst den Gashahn und nimm dann den Gasschlauch von der Gasversorgung ab.

2 Flammenzonen
Material
Schutzbrille, Haarband (bei langen Haaren), Gasbrenner, Anzünder, Magnesiastäbchen, Holzstäbchen

Versuchsanleitung
a) Halte ein Magnesiastäbchen auf verschiedenen Höhen in die rauschende Flamme (▷ B 2). Notiere jeweils deine Beobachtungen.
b) Führe einen Holzspan durch den unteren Bereich der rauschenden Flamme. Arbeite rasch und achte darauf, dass der Span kein Feuer fängt. Notiere auch hier deine Beobachtungen.

Aufgabe
1. Stelle eine Vermutung auf, wie deine beobachteten Versuchsergebnisse mit der Flammen-Temperatur zusammenhängen.

3 Gelb leuchtend, schwarz rußend
Material
Schutzbrille, Haarband (bei langen Haaren), Teelicht, Gasbrenner, Anzünder, Reagenzglas, Reagenzglashalter

Versuchsanleitung
a) Bewege ein Reagenzglas über der Flamme eines Teelichts, bis es am Boden verrußt ist (▷ B 3).
b) Halte das verrußte Reagenzglas in die rauschende Flamme des Brenners und warte, bis der Rußbelag wieder verschwunden ist.

AUFGABEN

1 ○ Übertrage die Skizze des Gasbrenners in dein Heft und beschrifte die einzelnen Teile.

2 ○ Notiere die wichtigsten Schritte bei der Bedienung eines Brenners in dein Heft.

Was zieht ein Magnet an?

1 Welche Münzen zieht der Magnet an?

Material
Magnet, verschiedene Münzen

Versuchsanleitung
Halte den Magneten an die Münzen und überprüfe, ob sie von ihm angezogen werden oder nicht. Trage den Wert jeder Münze in eine Tabelle ein und notiere, ob sie angezogen wird oder nicht.

1 Versuchsanleitung

Das Experiment

Das Experiment liefert die Antworten
Warum sieht man durch eine Lupe vergrößerte Bilder? Wie funktioniert ein Kompass? Warum zieht ein Magnet nicht alle Geldstücke an? Du hast dir bestimmt schon ähnliche Fragen gestellt.
Oft lässt sich die Antwort auf eine Frage mit einem **Experiment** finden. Experimente nennt man auch **Versuche**.

Vor dem Versuch – Planen
Formuliere vor deinem Versuch eine Frage, die du mithilfe deines Versuchs beantworten möchtest.
Stelle Vermutungen auf, was das Ergebnis deines Versuchs sein könnte. Überlege, was du messen musst und welche Materialien du benötigst.

Während des Versuchs – Beobachten und Messen
Führe den Versuch gewissenhaft durch. Beobachte genau, was geschieht.

Notiere den Ablauf des Versuchs Schritt für Schritt in einem Protokoll. Trage dort alle Beobachtungen und Messwerte ein.

Nach dem Versuch – Auswerten
Jetzt musst du deinen Versuch auswerten. Das bedeutet, dass du mithilfe deiner Beobachtungen und Messwerte eine Antwort auf die Frage deines Versuchs finden sollst.

Man führt Experimente (Versuche) durch, um Fragen zu beantworten.

AUFGABEN

1 ○ Beschreibe, wozu man Experimente (Versuche) durchführt.

2 ◐ Erkläre, welche Frage der Versuch in Bild 1 beantwortet.

3 ● Denke dir drei Fragen aus, die du mit Versuchen beantworten kannst.

Ein Versuchsprotokoll schreiben

Versuchsfrage
Formuliere eine Frage zum Thema des Versuchs. Beschränke dich möglichst auf einen Satz.

Material
Notiere in einer Materialliste alle benötigten Geräte, sonstige Hilfsmittel und gegebenenfalls Chemikalien.

Versuchsanleitung
Wenn es nötig ist, beschreibe in kurzer und verständlicher Form, wie der Versuch Schritt für Schritt durchgeführt wird. Wenn beim Versuch Sicherheitsmaßnahmen zu beachten sind, schreibe diese hier auf.

Beobachtung
Notiere alle Einzelheiten, die du während des Versuchsablaufs beobachtest, besonders die Messergebnisse. Notiere deine Messergebnisse – wenn möglich – in einer Tabelle.

Ergebnis
Beantworte mithilfe deiner Beobachtung die Versuchsfrage. Fasse deine Schlussfolgerungen in einem knappen Merksatz zusammen.

Versuchsaufbau
Zeichne eine einfache Skizze des Versuchsaufbaus.

Name und Datum
Auf jedes Protokoll gehören dein Name und das Datum.

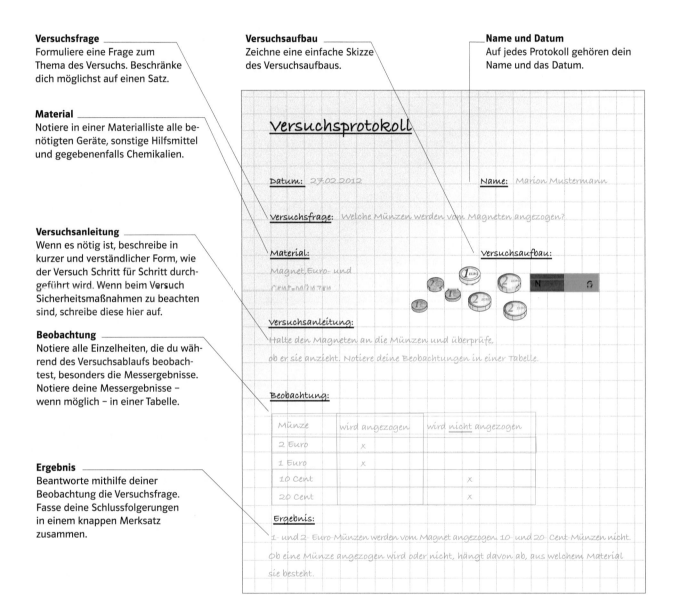

1 Versuchsprotokoll

Stell dir vor, du willst einen spannenden Versuch nach einem Jahr wiederholen. Vielleicht weißt du dann nicht mehr, welches Material du benötigt hast und wie du genau vorgegangen bist. Den Ablauf und die Ergebnisse eines Versuchs kannst du leichter nachvollziehen, wenn du sie in einem Versuchsprotokoll notierst.

Wie sollte ein Protokoll aussehen?
Ein Versuchsprotokoll sollte übersichtlich sein. In Bild 1 siehst du, aus welchen Teilen ein Versuchsprotokoll besteht.

Aufgaben lesen – Aufgaben verstehen

Auch im Physik-Unterricht bearbeitest du verschiedene Aufgaben. Deine Lehrerin oder dein Lehrer möchte damit überprüfen, was du gelernt hast. Sie wollen aber auch wissen, was du verstanden hast und anwenden kannst.

Jede Aufgabe enthält einen klaren Arbeitsauftrag an dich. Du musst ihn nur richtig erkennen. Je nach Formulierung erwartet deine Lehrerin oder dein Lehrer ganz unterschiedliche Antworten von dir. Auf Seite 164 findest du eine Liste mit allen Arbeitsaufträgen.

Nenne – schreibe auf
Diese Aufgaben kannst du – wenn du gut gelernt hast – ganz einfach bearbeiten.

Beschreibe – erkläre – begründe
Diese Aufgaben sind etwas schwieriger. Du musst sie genauer bearbeiten.

Werte aus – beurteile
Bei diesen Aufgaben zeigt sich, ob du Beobachtungen auswerten kannst oder mithilfe deiner Sachkenntnisse zu einem begründeten Urteil kommen kannst.

... nenne ...

Hier sollst du einfach nur Begriffe ohne Erklärung aufzählen oder aufschreiben.

Nenne Sicherheitsmaßnahmen beim Umgang mit elektrischem Strom.

... schreibe auf ...

Hier sollst du Begriffe, Informationen oder Aussagen aufzählen, ohne diese weiter zu erklären.

Schreibe drei Gegenstände auf, die von einem Magneten angezogen werden.

... beschreibe ...

Hier sollst du Sachverhalte oder Zusammenhänge mit eigenen Worten wiedergeben. Die Fachsprache muss dabei richtig angewendet werden.

Beschreibe den Aufbau eines elektrischen Stromkreises.

... erkläre ...

Beim Beantworten sollst du einen Sachverhalt so beschreiben, dass er logisch und verständlich ist.

Erkläre, wie das Bild einer Lochkamera entsteht.

... begründe ...

Du musst die Ursachen und naturwissenschaftlichen Regeln einer Sache erkannt haben. Diese musst du richtig wiedergeben und dabei die Fachsprache benutzen.

Begründe, warum der Mond bei Neumond auf der Erde nicht zu sehen ist.

... werte aus ...

Viele Fragen der Physik lassen sich durch genaues Beobachten oder durch die Messwerte eines gut geplanten Versuchs beantworten.
Diese Beobachtungen und Messwerte müssen ausgewertet werden.

In einer Reihenschaltung von Glühlampen wird eine Glühlampe herausgedreht. Beobachte, was passiert. Werte deine Beobachtungen aus.

... beurteile ...

Hier ist die Anwendung deiner Sachkenntnisse gefragt. Du sollst z. B. erkennen und begründen, ob eine Aussage zutrifft.

Beurteile, ob eine Reihenschaltung für die Stromversorgung eines Hauses geeignet ist.

Beobachtungen auswerten

Von der Beobachtung bis zum Ergebnis
Wenn du einen Versuch durchführst, dann schreibst du ein Versuchsprotokoll. Beim Versuchsprotokoll musst du darauf achten,

dass du die gemachten Beobachtungen von der Auswertung sauber trennst. Vermische diese Punkte nicht, egal, in welcher Form du die Beobachtungen festhältst. Die Auswertung erfolgt oft erst nach

Abschluss eines Versuchs. Bei der Auswertung beantwortest du die Versuchsfrage mithilfe der gemachten Beobachtungen.

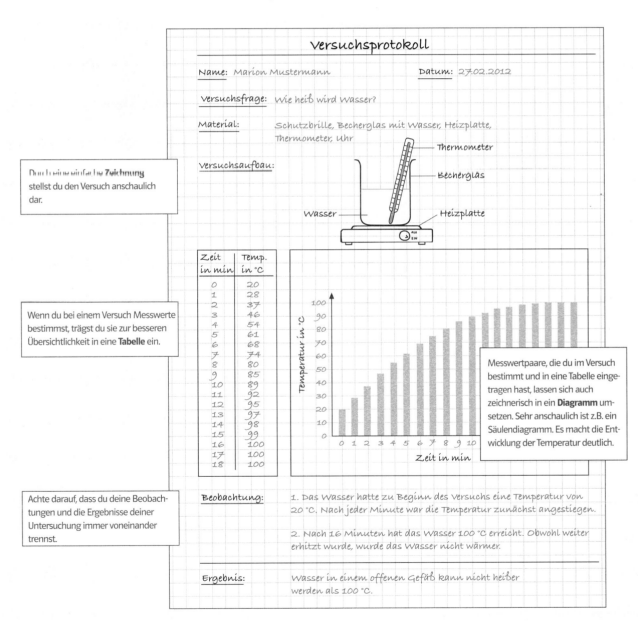

Durch eine einfache **Zeichnung** stellst du den Versuch anschaulich dar.

Wenn du bei einem Versuch Messwerte bestimmst, trägst du sie zur besseren Übersichtlichkeit in eine **Tabelle** ein.

Achte darauf, dass du deine Beobachtungen und die Ergebnisse deiner Untersuchung immer voneinander trennst.

Messwertpaare, die du im Versuch bestimmt und in eine Tabelle eingetragen hast, lassen sich auch zeichnerisch in ein **Diagramm** umsetzen. Sehr anschaulich ist z.B. ein Säulendiagramm. Es macht die Entwicklung der Temperatur deutlich.

Versuchsprotokoll

Name: Marion Mustermann   Datum: 27.02.2012

Versuchsfrage: Wie heiß wird Wasser?

Material: Schutzbrille, Becherglas mit Wasser, Heizplatte, Thermometer, Uhr

Versuchsaufbau:

Zeit in min	Temp. in °C
0	20
1	28
2	37
3	46
4	54
5	61
6	68
7	74
8	80
9	85
10	89
11	92
12	95
13	97
14	98
15	99
16	100
17	100
18	100

Beobachtung: 1. Das Wasser hatte zu Beginn des Versuchs eine Temperatur von 20 °C. Nach jeder Minute war die Temperatur zunächst angestiegen.

2. Nach 16 Minuten hat das Wasser 100 °C erreicht. Obwohl weiter erhitzt wurde, wurde das Wasser nicht wärmer.

Ergebnis: Wasser in einem offenen Gefäß kann nicht heißer werden als 100 °C.

Informationen sammeln und auswerten

Volta, Alessandro; italienischer Physiker, *18.02.1745 Como, †05.03.1827 Como; 1774–78 Professor am Gymnasium in Como, 1778–1804 an der Universität Pavia. Volta machte bahnbrechende Entdeckungen über die Elektrizität. Er erfand 1775 den Elektrophor, verbesserte das Elektroskop, schuf 1782 den Plattenkondensator. Seine größte Erfindung machte Volta um 1800, als er die Voltasche Säule, die erste funktionierende Batterie, konstruierte. Eine große Ehre wurde ihm durch Napoleon Bonaparte zuteil, der ihn 1810 zum Grafen ernannte. Nach Volta ist auch das Volt benannt.

1

Wenn du dir zu einer Frage oder einer Aufgabe Informationen beschafft hast, wirst du in den meisten Fällen mehr Material bekommen, als du zunächst überblicken kannst.

Bei der Auswertung der Informationen solltest du daher immer Schritt für Schritt vorgehen:

Informationen sichten
Zuerst musst du dir einen Überblick verschaffen und das Brauchbare vom Unbrauchbaren trennen.

Wichtiges kennzeichnen
Mache Kopien von den ausgewählten Texten. Das hat den Vorteil, dass du wichtige Textstellen und Stichwörter mit dem Textmarker oder Buntstiften markieren kannst.

Bilder sagen mehr als tausend Worte
Bei der Auswertung von Materialien sind nicht nur Texte wichtig. Sammle Fotos, Zeichnungen, aber auch Tabellen und Diagramme.

Ergebnisse zusammenfassen
Anhand der Markierungen auf den Kopien lassen sich die Ergebnisse deiner Informationssuche nun leichter zusammenfassen.

Sachverhalte oder Begriffe, die dir unbekannt sind, solltest du in einem Lexikon nachschlagen oder im Internet suchen.

2

Ergebnisse präsentieren

Tipps für eine gute Präsentation
Zur nächsten Unterrichtsstunde hat jeder aus der Klasse Informationen über einen bedeutenden Wissenschaftler mitgebracht.

Nun geht es darum, diesen Wissenschaftler den Mitschülerinnen und Mitschülern vorzustellen.

Für eine gute Präsentation deiner Ergebnisse gibt es zwei wichtige Punkte, die du beachten musst. Eine gute Präsentation ist klar gegliedert sowie verständlich aufgebaut und vorgetragen.

Im Folgenden lernt ihr zwei verschiedene Möglichkeiten kennen, wie ihr die Ergebnisse einer gemeinsamen Gruppenarbeit euren Mitschülerinnen und Mitschülern präsentieren könnt.

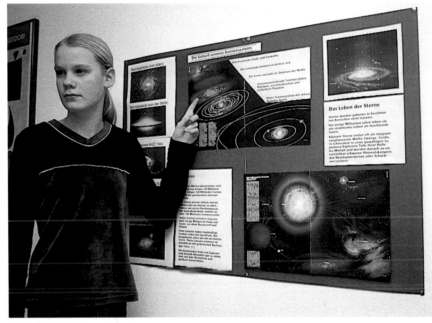

1 Präsentation

Der Vortrag
Eine, einer oder mehrere aus der Gruppe gehen nach vorne und tragen die Ergebnisse vor (▷ B 1).

Beachtet dabei Folgendes:

- Tragt eure Ergebnisse möglichst frei vor. Das geht am besten, wenn ihr wichtige Sätze und Begriffe in euren Unterlagen markiert. Tragt nur das vor, was ihr auch selbst verstanden habt.
- Sprecht laut und deutlich.
- Schaut eure Zuhörer dabei an.
- Benutzt möglichst wenige Fremdwörter.

Ihr könnt euren Vortrag verständlicher und interessanter machen, indem ihr:

- Bilder zeigt,
- Ergebnisse, Tabellen oder Zeichnungen, die ihr auf Folie vorbereitet habt, während des Vortrags auf den Overheadprojektor legt,
- wichtige Informationen an die Tafel schreibt.

Das Plakat
Plakate bieten eine sehr übersichtliche und anschauliche Möglichkeit, Ergebnisse zu präsentieren (▷ B 1).

Dabei kann jedes Mitglied der Gruppe seine Ergebnisse sauber auf Blätter schreiben.
Diese Blätter werden dann zusammen mit Fotos oder anderen Informationen aus Broschüren oder Prospekten übersichtlich auf das Plakat geklebt.

Bei dieser Präsentationsmethode gilt: erst die Informationen gliedern und dann aufkleben. Selbstverständlich sollte die Schrift groß und gut lesbar sein.

Zusammenfassung

Sicheres Experimentieren

Jeder Fachraum hat Sicherheitseinrichtungen. Diese Sicherheitseinrichtungen müssen dir bekannt sein. Für alle Experimente gibt es allgemeine Sicherheitsregeln. Auch diese Regeln musst du kennen und befolgen. Falls dir bei einem Experiment etwas gefährlich erscheint, wird dir deine Lehrerin oder dein Lehrer helfen. Um sicher experimentieren zu können, brauchst du einen aufgeräumten Arbeitsplatz.

Suchen und Finden im Internet

Wenn du Informationen im Internet finden willst, benötigst du eine Suchmaschine. In der Suchzeile gibst du die Begriffe ein. Je genauer du sie formulierst, desto besser passen die vorgeschlagenen Seiten.

Der Gasbrenner

Mit dem Gasbrenner kannst du Stoffe erhitzen. Über die Luftzufuhr kannst du die Flammenart einstellen. Beachte die Sicherheitshinweise beim Einsatz des Gasbrenners!

Das Experiment

Das Experiment hilft dir dabei, Beobachtungen in der Natur zu erklären. Experimente können oft nur in Gruppen durchgeführt werden.

1

Dabei solltet ihr immer so vorgehen:
- die Versuchsanleitung aufmerksam durchlesen
- eine Frage finden, die der Versuch beantworten soll
- eine Vermutung formulieren, was bei dem Versuch herauskommen könnte
- den Versuchsaufbau planen
- Aufgaben in eurer Gruppe verteilen
- beobachten und genau messen
- die Beobachtungen auswerten
- prüfen: Ist eure Frage nun beantwortet?

Das Versuchsprotokoll

Nur wenn ihr ein Experiment gewissenhaft protokolliert, dann könnt ihr das Experiment auswerten, wiederholen und die Ergebnisse anderen mitteilen. Zu einem Versuchsprotokoll gehören:
- die Versuchsfrage
- das verwendete Material
- der Versuchsaufbau
- die Beobachtung
- das Ergebnis

Ergebnisse präsentieren

Wenn ihr eure Ergebnisse anderen mitteilen wollt, dann könnt ihr z. B. einen Vortrag halten oder ein Plakat gestalten. Wichtig sind eine klare Gliederung und eine verständliche Darstellung.

Informationen sammeln und auswerten

Oft ist es sinnvoll, Informationen zu einem Thema zu sammeln. Dabei solltest du immer so vorgehen:
- Informationen sichten
- Wichtiges kennzeichnen
- Unbekanntes nachschlagen
- auf geeignete Fotos, Zeichnungen, Tabellen und Diagramme achten
- Ergebnisse zusammenfassen

AUFGABEN

1 ○ Nenne die besonderen Sicherheitsregeln für Experimente mit elektrischem Strom.

👍 Super! ❓ ► S. 8/9

2 ○ Nenne zwei Möglichkeiten, Informationen im Internet zu finden.

👍 Super! ❓ ► S. 10/11

3 ○ Beschreibe, was zu einem Versuchsprotokoll gehört.

👍 Super! ❓ ► S. 15

4 ○ Nenne zwei Möglichkeiten, wie du deiner Klasse Ergebnisse mitteilen kannst.

👍 Super! ❓ ► S. 19

5 ○ Nenne drei Materialien, mit denen du einen Vortrag interessant machen kannst.

👍 Super! ❓ ► S. 19

6 ○ a) Nenne drei Sicherheitseinrichtungen, die es in einem Fachraum gibt.
⊖ b) Begründe, warum die von dir genannten Sicherheitseinrichtungen sinnvoll sind.

👍 Super! ❓ ► S. 8/9

7 ○ a) Beschreibe zwei Punkte, die du bei einem guten Vortrag beachten musst.
⊖ b) Begründe, warum diese beiden Punkte wichtig sind.

👍 Super! ❓ ► S. 19

8 ⊖ Beschreibe genau, was sich mit der Luftzufuhr beim Gasbrenner ändert.

👍 Super! ❓ ► S. 12

9 ⊖ Beschreibe deine Aufgaben:
a) bei der Planung eines Versuchs,
b) während des Versuchs,
c) und nach dem Versuch.

👍 Super! ❓ ► S. 14

10 ● Begründe, warum im Fachraum nicht gegessen und nicht getrunken werden darf.

👍 Super! ❓ ► S. 8/9

11 ● Um sicher experimentieren zu können, brauchst du einen aufgeräumten Arbeitsplatz. Erkläre diese Sicherheitsregel an einem Beispiel.

👍 Super! ❓ ► S. 8/9

2

2 Temperatur, Wärme, Wetter

– Was bedeutet das „C" auf dem Thermometer?

– Warum regnet es aus einigen Wolken, aus anderen aber nicht?

– Wie entsteht der Wetterbericht?

– Warum ist Wasser mal flüssig und mal fest?

Der Temperatursinn

1 Mit der Haut nehmen wir Temperaturen wahr.

Der Temperatursinn

In der Haut liegen „Sensoren", mit denen wir Wärme oder Kälte fühlen. Anke und Jochen empfinden die gleiche Temperatur des Wassers unterschiedlich, weil sie vorher unterschiedlichen Temperaturen ausgesetzt waren. Jochen empfindet das Wasser nach der kalten Dusche als warm. Anke erscheint das Wasser aber kalt im Vergleich zur warmen Luft.
Der Temperatursinn ist für uns Menschen überlebenswichtig, damit wir unseren Körper vor gefährlichen Temperaturen schützen können.

Wir Menschen besitzen einen Temperatursinn. Damit empfinden wir unsere Umwelt als warm oder kalt.

2 Ist das Wasser warm oder kalt?

Im Freibad

Jochen und Anke gehen an einem heißen Sommertag ins Freibad. Sie ziehen sich um, legen ihre Sachen auf die Liegewiese und gehen zum Schwimmbecken. Jochen duscht sich noch kalt ab, während Anke gleich die Stufen ins Becken hinabsteigt. „Ist das kalt!" ruft Anke und geht langsam Stufe für Stufe tiefer ins Wasser. Jochen springt ins Wasser und taucht wieder auf. „Ist doch ganz warm", sagt er. „Komm endlich rein, du Frostbeule."

Warum empfinden die beiden dieselbe Wassertemperatur so unterschiedlich?

Die Haut – das größte menschliche Organ

Die Haut ist das größte menschliche Organ. Es hat bei einem erwachsenen Menschen eine durchschnittliche Oberfläche von rund $2\,m^2$. Die Haut schirmt einerseits den Körper gegen die Außenwelt ab. Andererseits stellt die Haut den Kontakt zur Außenwelt her.

Über die Haut spüren wir Berührung und Druck, wir können Dinge ertasten, Schmerz empfinden sowie Wärme und Kälte spüren.

AUFGABEN

1 ○ a) Wie groß ist die durchschnittliche Oberfläche der Haut bei einem erwachsenen Menschen? Lies im Text nach.
  ● b) Stelle diese Fläche durch ein Beispiel aus deiner Umgebung dar.

2 ● Warum empfindet Jochen das Wasser wärmer als Anke? Begründe.

3 ● Recherchiere im Internet Informationen zum Temperatursinn. Stelle die Ergebnisse in einem kurzen Vortrag vor.

Temperatur und Thermometer

Grad Celsius

Am Thermometer kannst du Temperaturen ablesen. Thermometer, die bei uns im täglichen Gebrauch sind, haben eine **Celsius-Skala**. Diese ist benannt nach dem schwedischen Wissenschaftler ANDERS CELSIUS (1701–1744). Auf der Celsius-Skala liegt der Gefrierpunkt von Wasser bei 0 °C (lies: 0 Grad Celsius), der Siedepunkt bei 100 °C. Wenn Wasser kocht, dann ist der Siedepunkt erreicht. Zwischen 0 °C und 100 °C ist der Abstand in 100 gleiche Abschnitte eingeteilt.

Grad Fahrenheit

In den USA triffst du auf die **Fahrenheit-Skala**. Der deutsche Forscher GABRIEL FAHRENHEIT (1686–1736) entwickelte diese Skala etwa 30 Jahre vor CELSIUS. FAHRENHEIT benutzte für seine Skala die Körpertemperatur (100 °F, lies: 100 Grad Fahrenheit) und die Temperatur einer bestimmten Kältemischung (0 °F).

Kelvin

Die niedrigste Temperatur beträgt –273 °C. Diesen Wert legte Lord KELVIN (1824–1907) als Nullpunkt für seine Skala fest. 0 Kelvin entsprechen also –273 Grad Celsius. Auf der **Kelvin-Skala** siedet Wasser also bei 373 K (lies: 373 Kelvin).

Temperaturunterschiede werden in Kelvin (K) angegeben. Beispiel: Der Temperaturunterschied von +10 °C bis +85 °C beträgt 75 K.

Temperaturen werden in Grad Celsius, Grad Fahrenheit oder Kelvin angegeben.

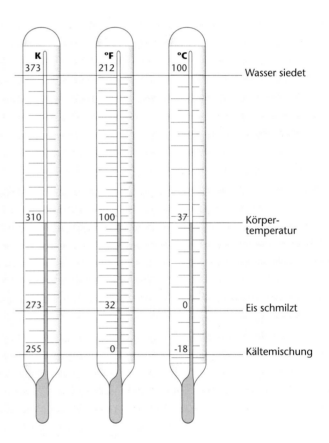

1 Verschiedene Temperatur-Skalen

AUFGABEN

1 ○ Wo findest du im täglichen Leben die Celsius-Skala und die Fahrenheit-Skala? Beschreibe.

2 ◐ Lies aus Bild 1 für 37 °C die ungefähren Temperaturwerte in °F und K ab. Erstelle eine Tabelle mit weiteren Werten.

3 ◐ Informiere dich über den Wissenschaftler ANDERS CELSIUS. Verfasse ein kurzes Referat und trage es vor.

VERSUCH

1 a) Messt an unterschiedlichen Stellen die Temperatur. Dokumentiert die Werte. Kontrolliert euch gegenseitig.
b) Vergleicht eure Messergebnisse an derselben Stelle. Überlegt, wodurch Messfehler entstehen können.

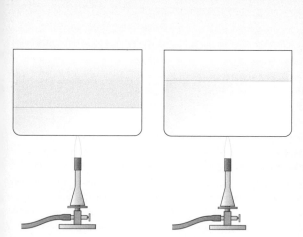

1 Wärme wird zugeführt.

2 Wärme von der Heizung

Temperatur und Wärme

Wasser wird erwärmt

In Bild 1 siehst du zwei Wannen mit Wasser. In einer Wanne befindet sich 1 Liter Wasser, in der anderen sind 2 Liter. Beide Wassermengen haben eine Temperatur von 20 °C. Beide Wassermengen sollen auf 50 °C erwärmt werden.

Bei den 2 Litern Wasser muss mehr Wärme zugeführt werden als bei 1 Liter, um die gleiche Temperatur von 50 °C zu erreichen.

Die Anfangstemperatur und die Endtemperatur sind gleich. Die Wärme, die dafür zugeführt werden muss, ist aber unterschiedlich groß.

Unterschied zwischen Temperatur und Wärme

Das oben aufgeführte Beispiel zeigt, dass wir zwischen Wärme und Temperatur unterscheiden müssen. Das Thermometer zeigt uns Temperaturen an. Wärme wird zugeführt oder abgeleitet. Wenn einem Körper Wärme zugeführt wird, dann steigt seine Temperatur. Wenn Wärme entzogen wird, dann sinkt die Temperatur.

Bei dem Mädchen in Bild 2 steigt die Temperatur der kalten Hände, weil die Heizung Wärme an die Hände abgibt. Wenn das Mädchen im Winter ins Freie geht und keine Handschuhe trägt, dann geben die Hände Wärme ab. Die Hände werden kalt.

Das Thermometer zeigt uns Temperaturen an. Wärme wird zugeführt oder abgeleitet und verändert damit die Temperatur.

AUFGABEN

1 ○ Beschreibe mit Bild 1 den Unterschied zwischen Wärme und Temperatur.

2 ◑ Erkläre, was mit einem Körper passiert, wenn Wärme von ihm abgeleitet wird.

3 ● Eiswürfel werden in ein Getränk gegeben. Schreibe in knappen Sätzen auf, welcher Vorgang da abläuft. Benutze die Wörter Wärme und Temperatur.

4 ● Mithilfe einer Wärmebildkamera kann Wärme sichtbar gemacht werden. Hohe Temperaturen werden rot, tiefe Temperaturen blau dargestellt. Beschreibe kurz die Einsatzmöglichkeiten dieser Kamera.

Temperaturen messen und berechnen

Material
Thermometer, Heft, Lineal, Stift

Versuchsanleitung
a) Zeichne in dein Heft eine Tabelle wie in Bild 1 gezeigt. Hänge ein Thermometer im Freien an einem schattigen Platz auf. Lies die Temperatur jeden Tag 3-mal ab. Achte darauf, dass du die Temperatur immer zu den gleichen Zeiten misst (z. B. um 7 Uhr, um 14 Uhr und um 21 Uhr). Trage die Messwerte in die Tabelle ein.

Datum	14. Juli
7 Uhr	18 °C
14 Uhr	24 °C
21 Uhr	19 °C
Tagesmittel-temperatur	20 °C

1 Temperaturwerte

b) Tagesmitteltemperatur:
Um die Temperaturen verschiedener Tage vergleichen zu können, musst du die Tagesmitteltemperatur berechnen. Addiere dazu die Temperaturwerte, die du um 7 Uhr, um 14 Uhr und um 21 Uhr gemessen hast. Damit du nachts nicht messen musst, wird der Messwert von 21 Uhr doppelt gezählt. Diese Summe durch 4 geteilt ergibt die Tagesmitteltemperatur (▷ B 2). Notiere die Werte in einer Tabelle wie in Bild 3.

Wie hoch ist die Tagesmitteltemperatur am 14. Juli?

Gegeben: $T_1 = 18\,°C$ $\quad$ $T_3 = 19\,°C$
$\quad\quad\quad$ $T_2 = 24\,°C$

Gesucht: T_{mittel}

Lösung: $T_{mittel} = \dfrac{(T_1 + T_2 + T_3 + T_3)}{4}$

$\quad\quad\quad$ $T_{mittel} = \dfrac{(18\,°C + 24\,°C + 19\,°C + 19\,°C)}{4}$

$\quad\quad\quad$ $T_{mittel} = 20\,°C$

Die Tagesmitteltemperatur vom 14. Juli beträgt 20 °C.

2 Berechnung der Tagesmitteltemperatur

Datum	1.4.	2.4.	3.4.	...
Tagesmittel-temperatur	12 °C	14 °C	17 °C	...

3 Tagesmitteltemperaturen

c) Erstelle aus den berechneten Werten ein Diagramm (▷ B 4).

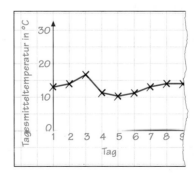

4 Temperaturverlauf eines Monats

Monat	Monatsmittel-temperatur
Januar	7 °C
Februar	8 °C
März	11 °C
April	14 °C
Mai	18 °C
Juni	22 °C
Juli	25 °C
August	24 °C
September	21 °C
Oktober	16 °C
November	12 °C
Dezember	9 °C

5 Monatsmitteltemperaturen von Rom

AUFGABEN

1 ○ Beschreibe, wie man die Tagesmitteltemperatur berechnet.

2 ◑ Es gibt auch die Monatsmitteltemperatur. Überlege und beschreibe, wie man die Monatsmitteltemperatur berechnet und schreibe es in knappen Stichworten auf.

3 ● Erstelle aus den in Bild 5 angegebenen Werten die Temperaturkurve eines Jahres für Rom. Zeichne das Diagramm ähnlich wie in Bild 4, trage aber nur die 12 Monatsmitteltemperaturen ein.

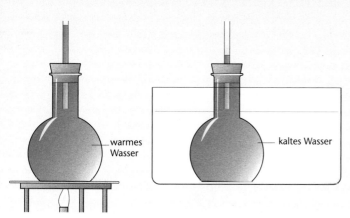

1 Ausdehnung von Wasser – Modell für ein Flüssigkeitsthermometer

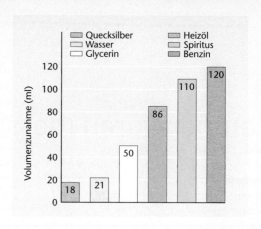

2 Ausdehnung von 10 l Flüssigkeit bei einer Temperaturerhöhung um 10 °C

⊙ Die Ausdehnung von Flüssigkeiten

Wie ein Thermometer funktioniert
In den Flüssigkeitsthermometern steht eine Flüssigkeit in einem Glasröhrchen – je nach Temperatur höher oder niedriger. Denn Flüssigkeiten dehnen sich aus, wenn sie erwärmt werden (▷ B 1). Wenn Flüssigkeiten abkühlen, ziehen sie sich wieder zusammen.
Die Ausdehnung verschiedener Flüssigkeiten ist unterschiedlich. Das zeigt Bild 2.

Ausdehnungsgefäß
Bei der Heizung wird Wasser erwärmt. Das Wasser dehnt sich daher aus. Das

Ausdehnungsgefäß bietet Platz, damit sich das Wasser ausbreiten kann (▷ B 3).

Flüssigkeiten dehnen sich aus, wenn sie erwärmt werden. Flüssigkeiten ziehen sich zusammen, wenn sie abgekühlt werden. Verschiedene Flüssigkeiten dehnen sich unterschiedlich stark aus.

AUFGABEN

1 ○ Welche zwei Flüssigkeiten aus Bild 2 dehnen sich am stärksten aus, wenn sie erwärmt werden? Nenne sie.

2 ○ Liste auf, aus welchen Teilen die Heizungsanlage in Bild 3 besteht.

3 ◐ Beschreibe in knappen Stichworten auf, wie eine Heizungsanlage (▷ B 3) funktioniert.

VERSUCH

1 Fülle einen Rundkolben mit gefärbtem Wasser und verschließe ihn mit einem Stopfen mit Steigrohr (▷ B 1). Markiere den Wasserstand. Stelle dann den Glaskolben in kaltes Wasser, markiere ebenfalls den Wasserstand und erwärme anschließend den Glaskolben. Beschreibe deine Beobachtung.

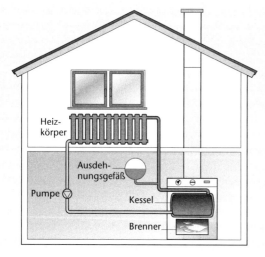

3 Heizungsanlage mit Ausdehnungsgefäß

Wasser bildet eine Ausnahme

Ärger mit der Wasserflasche
Ein heißer Sommertag. Peter hat großen Durst, aber die Glasflasche mit Wasser ist ihm zu warm. Damit das Wasser schnell kalt wird, legt er die Flasche in die Tiefkühltruhe. Als seine Freunde dann klingeln, um ihn zum Spielen abzuholen, ist die Wasserflasche vergessen. Später ist der Ärger groß. Seine Mutter hat einen Eisklumpen und Glasscherben in der Tiefkühltruhe gefunden (▷ B 2).
(► Struktur der Materie, S. 154/155)

Wasser bildet bei den Flüssigkeiten eine Ausnahme. Es zieht sich zwar zusammen, wenn es abgekühlt wird, aber nur bis +4 °C. Bei noch stärkerer Abkühlung dehnt es sich wieder aus (▷ B 3). Das nennt man die **Anomalie des Wassers**.

Ein See im Winter
Im Winter kühlt sich das Wasser in einem See ab. Weil sich Wasser bei +4 °C am stärksten zusammengezogen hat, ist es am schwersten. Es sinkt auf den Boden des Sees. Wenn Wasser kälter als +4 °C wird, dehnt es sich wieder aus. Das bedeutet, es wird leichter und bleibt oben.
Fische und Pflanzen können im Winter auch in einem zugefrorenen See überleben, weil das Wasser am Boden des Sees nicht gefroren ist (▷ B 1).

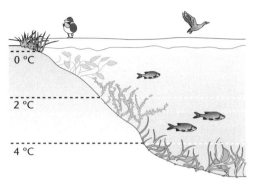

1 Temperaturschichtung im See

Bei +4 °C hat sich Wasser am stärksten zusammengezogen. Wenn Wasser stärker abgekühlt wird, dehnt es sich wieder aus. Wenn Wasser zu Eis wird, dehnt es sich aus.

AUFGABEN

1 ○ Gib an, bei welcher Temperatur sich Wasser am stärksten zusammengezogen hat.

2 ◒ Was ist mit Peters Wasserflasche in der Tiefkühltruhe passiert? Erkläre den Zusammenhang.

3 ◒ Erkläre, was man unter der Anomalie des Wassers versteht.

2 Im Gefrierfach vergessen

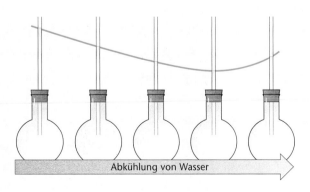

Abkühlung von Wasser

3 Wasser wird abgekühlt.

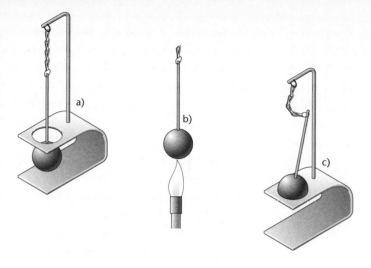

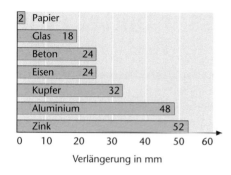

1 Eine Eisenkugel dehnt sich beim Erwärmen aus.

2 Ausdehnung von 100-m-Stäben bei einer Temperaturerhöhung um 20 °C

Die Ausdehnung fester Körper

Ein Radweg mit „Hindernissen"
Du bist sicherlich schon mal mit dem Fahrrad oder dem Skateboard auf einem Weg mit Betonplatten gefahren. Das ist eine „ruckelige" Angelegenheit. Denn die Platten sind durch Spalten unterbrochen. Das hat seinen guten Grund. Denn auch feste Körper dehnen sich aus, wenn sie erwärmt werden (▷ B 1). Sie ziehen sich zusammen, wenn sie abgekühlt werden. Dass feste Körper sich so verhalten, muss beim Bau von Straßen und Gebäuden beachtet werden.

Dehnungsfugen und Brücken auf Rollen
Bei Straßen und größeren Bauwerken (Brücken, Gebäuden, Mauern usw.) muss man

Dehnungsfugen einbauen. Sonst entstehen Risse durch die veränderte Länge zwischen Sommer und Winter. Brücken liegen deshalb zusätzlich auf Rollen (▷ B 3).

Feste Körper dehnen sich aus, wenn sie erwärmt werden. Sie ziehen sich zusammen, wenn sie abgekühlt werden.

AUFGABEN

1   ○   Wodurch kann man die Bildung von Rissen in großen Gebäuden oder auf Straßen verhindern? Beschreibe.

2   ◐   Warum ist es günstig, dass sich Beton und Eisen bei Erwärmung gleich stark ausdehnen? Begründe.

3   ●   Eine Brücke aus Eisen ist 300 m lang. Um wie viel Zentimeter verlängert sie sich zwischen Winter und Sommer bei einem Temperaturunterschied von 20 K? Berechne.

VERSUCH

1   Führe den Versuch wie in Bild 1 durch. Erkläre, was du beobachtest.

3 Brücke auf Rollen

◉ Die Ausdehnung von Gasen

1 „Magische" Hände?

Eine Geburtstagsüberraschung

Nina hat im Januar Geburtstag. Damit
alle Gäste der Geburtstagsfeier das Haus
leichter finden, hat Nina in der warmen
Wohnung bunte Luftballons aufgeblasen
und dann draußen in der kalten Luft an
der Haustür befestigt. Als die ersten Gäste
eintreffen, wundert sich Nina über die
verkleinerten Luftballons (▷ B 2).
Gase verhalten sich bei Erwärmung und
bei Abkühlung ähnlich wie feste Körper.
Sie dehnen sich aus und ziehen sich
zusammen. Aber es besteht ein wichtiger
Unterschied: Gase dehnen sich alle gleich
stark aus und ziehen sich alle gleich stark
zusammen.

AUFGABEN

1 ◔ Erkläre, warum Ninas Luftballons vor
der Haustür kleiner geworden sind.

2 ◔ Begründe, warum die „magischen"
Hände in Bild 1 im Wasser kleine Bläs-
chen verursachen.

3 ● Plane einen Versuch, der zeigt, dass
sich Gase (z. B. Luft) zusammenziehen,
wenn man sie abkühlt. Führe den Versuch danach durch.

VERSUCHE

1 Spanne einen Luftballon über eine lee-
re, kalte Glasflasche. Erwärme anschließend die Flasche in einem warmen
Wasserbad. Beschreibe, was du dabei
beobachtest.

2 Befeuchte die Öffnung einer gekühlten,
leeren Glasflasche mit etwas Wasser
und lege ein Geldstück darauf. Erwärme
die Flasche mit deinen Händen.
Beobachte und erkläre den Vorgang.

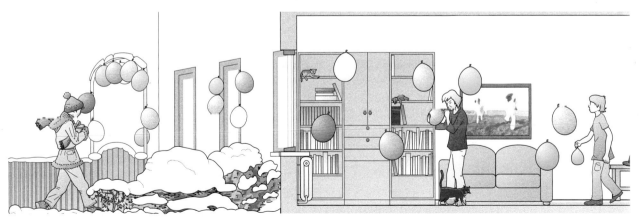

2 Gase ziehen sich beim Abkühlen zusammen.

1 Gefrorenes Wasser

2 Flüssiges Wasser

3 Wasserdampf

4 Eisberg

5 Bach

6 Feuchte Luft

1 Die verschiedenen Aggregatzustände von Wasser

⊙ Aggregatzustände

Wasser in der Natur

Im Sommer ist es angenehm, auf einem See Boot zu fahren oder im Wasser zu planschen. Bleibt es lange Zeit heiß und trocken, sinkt der Wasserspiegel im See, da das Wasser verdunstet. Es bildet sich unsichtbarer Wasserdampf.

An kühlen Herbsttagen ist der See unter weißen Nebelschwaden verborgen. Nebel besteht aus kleinen Wassertröpfchen, die in der Luft schweben.

Bleibt es lange Zeit kalt, bedeckt eine Eisschicht den See. Das Wasser ist gefroren.

Wasser kommt in drei Zustandsarten vor: Als Eis ist es **fest**, als Wasser **flüssig** und als Wasserdampf **gasförmig** (▷ B 1). Diese Zustandsarten werden auch **Aggregatzustände** genannt. In welchem Aggregatzustand das Wasser sich jeweils befindet, hängt von der Temperatur ab.

Die Aggregatzustände ändern sich

Am Südpol gibt es nur Schnee und Eis. Die Forscher, die dort leben, müssen ihr Trinkwasser selbst herstellen. Sie brechen Blöcke aus dem Eis und erwärmen sie in großen Kesseln: Das Eis **schmilzt**. Wenn der Feststoff schmilzt, dann ändert er seinen Aggregatzustand. Er wird flüssig.

Wenn man das Wasser weiter erwärmt, dann **verdampft** es. Die Flüssigkeit geht in den gasförmigen Zustand über. Es entsteht Wasserdampf.

Beim Kochen füllt sich die Küche mit Wasserdampf. Kalte Fensterscheiben beschlagen, weil der Wasserdampf wieder flüssig wird. Man sagt: Das Wasser **kondensiert**.
Im Gefrierfach kann man Eiswürfel herstellen. Bei tiefen Temperaturen **erstarrt** Wasser zu Eis.
(► Struktur der Materie, S. 154/155)

Wasser kann in drei Aggregatzuständen vorliegen: fest, flüssig oder gasförmig.

2 Das Metall erstarrt zu ungewöhnlichen Formen.

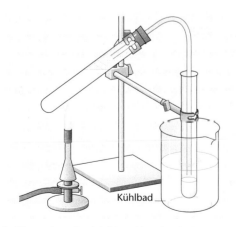

3 Wasserdampf entsteht und kondensiert.

Beim Schmelzen wird ein Feststoff flüssig.
Beim Verdampfen wird eine Flüssigkeit gasförmig. Dazu muss erwärmt werden.

Beim Kondensieren wird ein Gas flüssig.
Beim Erstarren wird eine Flüssigkeit fest.
Dazu muss gekühlt werden.

AUFGABEN

1 ○ Nenne die drei Aggregatzustände, die ein Stoff annehmen kann.

2 ○ Wodurch kann ein Stoff seinen Aggregatzustand verändern? Beschreibe.

3 ○ In welchen drei Zustandsarten kommt Wasser vor? Beschreibe.

4 ⊖ Erkläre die Begriffe Schmelzen, Verdampfen und Kondensieren.

5 ● Plane einen Versuch, mit dem du zeigen kannst, wie Wasserdampf wieder zu Wasser wird. Führe den Versuch durch und erstelle ein Versuchsprotokoll.

6 ● Es gibt bei den Aggregatzuständen auch einen Vorgang den man Sublimieren nennt. Recherchiere im Internet oder in Büchern und schreibe mit eigenen Worten eine Definition auf.

7 ● Informiere dich, bei welcher Temperatur die Stoffe Eisen, Blei und Aluminium schmelzen.
Erstelle eine Tabelle. Nutze dazu verschiedene Informationsquellen wie z. B. Physikbuch, Lexikon oder Internet.

VERSUCHE

1 a) Lege drei Eiswürfel in ein Schälchen. Beobachte über einen längeren Zeitraum und beschreibe, was passiert.
b) Erkläre den Vorgang bei Versuch 1a und verwende dabei die gelernten Fachbegriffe.

2 ! Schneide mit einem Messer einige kleine Stücke von einer Zinn-Stange ab. Erwärme diese Stückchen in einem Metall-Löffel über einer Flamme, bis sie geschmolzen sind. Gieße das flüssige Metall in kaltes Wasser (▷ B 2).
Beschreibe in knappen Sätzen, was bei deinem Versuch passiert ist. Benutze dabei die gelernten Fachbegriffe.

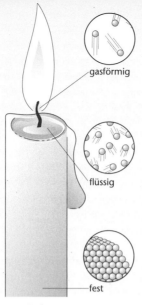

gasförmig

flüssig

fest

1 Hier liegt das Wachs in den drei Aggregatzuständen vor.

2 Flüssigkeiten passen sich der Gefäßform an.

⊙ Aggregatzustände im Modell

Wieso ändern Stoffe ihren Aggregatzustand?

Wenn du eine Kerze anzündest, dann schmilzt das Wachs und wird flüssig. Und das Parfüm deiner großen Schwester kannst du schon von Weitem riechen. Um zu verstehen, warum das so ist, muss man in das Innere der Stoffe schauen.

Das Modell der kleinsten Teilchen

Stell dir vor, du teilst einen Eisennagel. Ein kleineres Nagelstück teilst du wieder und wieder und wieder. Bald ist das Eisenstück so klein, dass du ein Mikroskop zu Hilfe nehmen musst. Du teilst

3 Rastertunnelmikroskope zeigen Aufnahmen kleinster Teilchen.

das Eisenstückchen weiter und weiter ... Irgendwann erhältst du ein kleinstes Teilchen Eisen, das nicht weiter teilbar ist. Ein solches kleinstes Eisenteilchen hat einen Durchmesser von ungefähr 0,000 000 2 mm! Die kleinsten Teilchen eines Stoffes wie z. B. Eisen sind untereinander alle gleich. Alle kleinsten Eisenteilchen haben die gleiche Größe und sind gleich schwer. Die kleinsten Teilchen unterschiedlicher Stoffe, z. B. die von Zinn und Eisen, unterscheiden sich dagegen in ihren Eigenschaften.

Feste Stoffe

Will man einen Klumpen Eis zerteilen oder einen Eisennagel verbiegen, dann geht das nur mit einem hohen Kraftaufwand. Grund dafür ist der Aufbau der festen Stoffe aus kleinsten Teilchen.
In einem festen Stoff sind die Teilchen dicht gepackt angeordnet. Zwischen den Teilchen wirken sehr starke Anziehungskräfte, die die Teilchen auf ihren Plätzen halten. Deshalb haben feste Körper eine feste Form.
Die kleinsten Teilchen sind aber dennoch ständig in Bewegung. Sie schwingen um ihren Platz hin und her. Erhöht man die

Temperatur des festen Körpers, so schwingen die kleinsten Teilchen stärker.

Flüssige Stoffe

In Flüssigkeiten hängen die Teilchen nur noch locker aneinander. Der Abstand zwischen ihnen ist größer. Es wirken kleinere Anziehungskräfte als in Feststoffen. Deshalb können sich die Teilchen gegeneinander verschieben. Flüssigkeiten passen sich daher jeder Gefäßform an (▷ B 2). Erwärmst du die Flüssigkeit, so bewegen sich ihre kleinsten Teilchen schneller.

Gasförmige Stoffe

Im Gegensatz zu festen oder flüssigen Stoffen können sich die Teilchen in einem Gas völlig frei bewegen. Die Abstände unter den Teilchen sind sehr groß, sodass zwischen ihnen kaum noch Anziehungskräfte wirken. Aus diesem Grund besitzen Gase keine bestimmte Form und können jeden beliebigen Raum ausfüllen.

Erklärung für die Ausdehnung

Mit dem Teilchenmodell lässt sich auch erklären, warum sich Körper beim Erwärmen ausdehnen und beim Abkühlen wieder zusammenziehen. Wenn zum Beispiel ein fester Körper erwärmt wird (▷ B 4), geraten die Teilchen in immer stärkere Schwingung und nehmen dabei einen größeren Raum ein. Der Körper dehnt sich aus.
(► Struktur der Materie, S.154/155)

Alle Stoffe bestehen aus kleinsten Teilchen. Die Teilchen eines Stoffes sind alle gleich.

In festen Stoffen schwingen die kleinsten Teilchen um ihren Platz hin und her. Zwischen ihnen wirken große Anziehungskräfte. In flüssigen Stoffen wirken schwächere Kräfte zwischen den kleinsten Teilchen, die Teilchen sind frei gegeneinander verschiebbar. In Gasen sind die Teilchen frei beweglich, zwischen ihnen wirken kaum noch Anziehungskräfte.

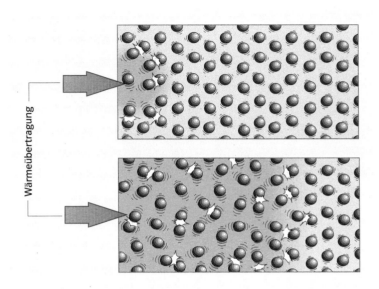

Wärmeübertragung

4 Erwärmung eines festen Körpers

AUFGABEN

1 ○ Was haben alle kleinsten Teilchen desselben Stoffes gemeinsam? Beschreibe.

2 ○ Gib an, wie groß ein kleinstes Eisenteilchen ist.

3 ◐ Beschreibe, wie sich die Anziehungskräfte zwischen den Teilchen in festen, flüssigen und gasförmigen Stoffen unterscheiden.

4 ◐ Betrachte Bild 1 und erkläre, was bei der Kerze brennt. Tipp: Es ist nicht der Docht, der brennt. (Recherchiere im Internet.)

5 ● Warum dehnt sich ein fester Körper aus, wenn er erwärmt wird? Begründe mithilfe des Teilchenmodells.

6 ● Das Teilchenmodell ist ein Modell. Überlege und erkläre, was man unter einem Modell versteht und wozu Modelle hilfreich sind. (Tipp: Vergleich von Modellauto und echtem Auto)

VERSUCH

1 a) Erhitze Wasser und fülle es in ein Glas. Hänge einen Teebeutel in das Wasser.
b) Beobachte den Versuch über einen Zeitraum von 2 Minuten und schreibe deine Beobachtungen auf.
c) Begründe deine Beobachtungen mit dem Teilchenmodell.

1 Das Licht und die Wärme der Sonne sind Grundlage des Lebens.

Die Sonne

Die Sonne als Lebensspender

Ohne die Sonne wäre kein Leben auf der Erde möglich: Die Sonne erwärmt nämlich unsere Erde auf Temperaturen, die für die Entwicklung von Leben nötig sind. Das Licht der Sonne lässt auch die Pflanzen wachsen. Die Pflanzen bilden die Nahrungsgrundlage für Tiere und Menschen. Wenn wir unsere Häuser mit Brennstoffen wie Kohle und Erdöl beheizen, dann nutzen wir auch dabei die Energie der Sonne. Denn Kohle und Erdöl sind über Millionen von Jahren aus abgestorbenen Pflanzenresten entstanden.

Ein glühender Stern

Die Sonne ist eine Art Kraftwerk, das Licht und Wärme erzeugt. Die Sonne ist ein riesiger glühender Ball aus Gas. In ihrem Inneren herrschen Temperaturen von über 15 Millionen °C. An der Sonnenoberfläche sind die Temperaturen niedriger, sie liegen aber immer noch fast bei unvorstellbar heißen 6 000 °C. Da die Sonne selbst Licht erzeugt, bezeichnet man sie als **Stern**.

Sonnenstrahlen – Genuss und Gefahr

Von der Sonne gelangt unterschiedliche Strahlung zu uns. Das Licht, das wir sehen, ist nur ein Teil davon. Daneben sendet die Sonne **Infrarot-Strahlung** aus, die man auch als Wärmestrahlung bezeichnet. Diese Strahlung können wir nicht sehen, aber wir spüren sie.

Ein weiterer Teil der Sonnenstrahlung ist die **Ultraviolett-Strahlung**. Sie kann schädlich oder gefährlich für uns sein und sogar Hautkrebs verursachen.

Die Sonne ist ein Stern. Die Sonne erzeugt das Licht und die Wärme, die das Leben auf der Erde erst ermöglichen. Die Sonnenstrahlung kann aber auch gefährlich sein.

AUFGABEN

1 ○ Wann wird ein Himmelskörper als Stern bezeichnet? Lies im Text nach und notiere.

2 ◐ Begründe, warum die Sonne als Lebensspender bezeichnet wird.

3 ◐ Begründe, warum beim Heizen mit Kohle, Erdöl und Erdgas die abgegebene Wärme letztendlich von der Sonne stammt.

Die Nutzung der Sonnenenergie

Solarzellen

Du hast bestimmt schon Parkscheinautomaten gesehen, die mit Solarzellen betrieben werden (▷ B 1). Solarzellen nutzen das Sonnenlicht, um elektrischen Strom zu erzeugen. Vereinzelt werden schon ganze Häuser auf diese Weise mit Strom versorgt. Der Vorteil dieser Technologie besteht darin, dass die Sonne immer wieder scheint und ihre Energie immer wieder verfügbar ist. (► Energie, S. 156/157)

Sonnenkollektoren

Um ein Freibad zu heizen, ist Sonnenenergie ideal: Wenn viel Energie benötigt wird, steht gerade auch viel Sonnenenergie zur Verfügung. Bild 2 zeigt ein Freibad mit einer Kollektorheizung. Diese erstreckt sich über eine Fläche von 400 m². Die Kollektoren sind die Kästen, die du über dem Becken siehst.

In jedem Kollektor befindet sich ein Rohr. Das Rohr ist schlangenförmig unter der gesamten Fläche verlegt. Das Rohr ist schwarz. Dunkle Flächen nehmen die Strahlung von der Sonne besser auf. Das Wasser für das Schwimmbad wird durch die Kollektoren gepumpt und erwärmt.

1 Mit Solarzellen betriebener Parkautomat

2 Freibad mit Sonnenkollektoren   **3** Wintergarten

Sonnenkollektor und Ölheizung im Vergleich

Der Betrieb einer Sonnenkollektor-Anlage ist finanziell deutlich günstiger als der einer Ölheizung: Über einen Zeitraum von 10 Jahren kostet die Kollektorheizung nur halb so viel. Zudem entstehen bei der Nutzung von Kollektoren keine Schadstoffe.

AUFGABEN

1 ◔ Vergleiche Solarzelle und Sonnenkollektor.
a) Beschreibe die Gemeinsamkeiten.
b) Beschreibe die unterschiedlichen Einsatzarten.

2 ● Der Einbau einer Ölheizung wird gerade kostengünstig mit Rabatt angeboten. Bewerte die Entscheidung, sich für den Einbau einer Ölheizung statt für eine Sonnenkollektor-Anlage zu entschließen.

3 ● a) Schreibe alle Fachbegriffe aus dem Text, die mit Physik und Technik zu tun haben, in eine „Liste für Fachbegriffe".
● b) Beschreibe alle Begriffe aus deiner Liste mit je einem Satz.

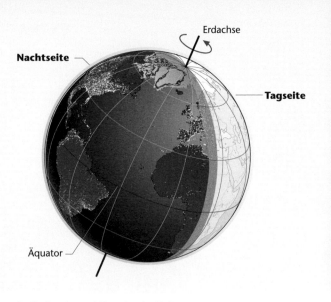

1 Nachtseite und Tagseite der Erde

Tag und Nacht

Die Entstehung von Tag und Nacht

Die Erde ist eine riesige Kugel, die sich um ihre eigene Achse dreht. Diese Bewegung wird als Erdrotation bezeichnet. Eine volle Umdrehung dauert 24 Stunden. Das entspricht in unserer Zeiteinteilung einem Tag. Die Erdrotation verursacht den ständigen Wechsel von Tag und Nacht. Eine Hälfte der Erde ist von der Sonne beleuchtet. Dort ist es Tag. Die andere Hälfte liegt im Dunkeln. Dort ist es Nacht. (► System, S.152/153)

Dauer von Tag und Nacht

Im Sommer sind die Tage länger und die Nächte kürzer. Im Winter ist es umgekehrt: Die Tage sind kürzer und die Nächte länger.

Das hängt damit zusammen, dass die Erdachse schräg steht.

Tag und Nacht entstehen dadurch, dass sich die Erde um ihre eigene Achse dreht. Mal ist die eine Seite der Erde beleuchtet, mal die andere.

AUFGABEN

1 ○ Gib an, wodurch die Zeiteinteilung „Tag" festgelegt ist.

2 ◑ Eine andere Zeiteinteilung ist das Jahr. Recherchiere und erkläre, wie diese Zeiteinteilung festgelegt ist.

3 ● Begründe, warum es alle vier Jahre ein Schaltjahr gibt.

VERSUCH

1 Führt den Versuch wie in Bild 2 zu zweit durch. Zeigt für den schwarzen Punkt:
– nach Sonnenaufgang
– Mittag
– vor Sonnenuntergang
– Nacht

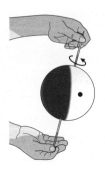

2 Entstehung von Tag und Nacht im Modell

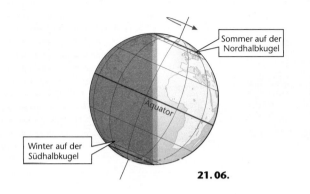 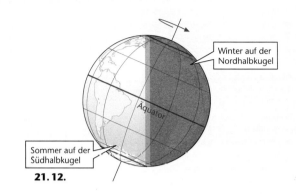

Sommer auf der Nordhalbkugel

Winter auf der Südhalbkugel

Äquator

21. 06.

Sonnenlicht

Winter auf der Nordhalbkugel

Sommer auf der Südhalbkugel

Äquator

21. 12.

1 Die Erdachse steht schräg. Dadurch entstehen die Jahreszeiten.

Die Entstehung der Jahreszeiten

Der Einfluss der Jahreszeiten
Die Jahreszeiten beeinflussen stark den Lebensrhythmus von Pflanzen und Tieren. Das Wachstum der Pflanzen und das Reifen ihrer Früchte hängen von den Jahreszeiten ab. Die Tiere nutzen während der warmen Monate das große Angebot an Nahrung. Sie haben unterschiedliche Methoden entwickelt, um gut durch den Winter zu kommen.
Der Mensch hat viele technische Lösungen gefunden, um von den Jahreszeiten möglichst unabhängig zu sein. Heizungsanlagen und elektrisches Licht sind nur zwei Beispiele. Trotzdem werden auch wir Menschen von den Jahreszeiten beeinflusst.

Schieflage mit Folgen
Die Erdachse steht schräg (▷ B 1). Das ist die Ursache für die Entstehung der Jahreszeiten. Im Verlauf eines Jahres ist mal die Nordhalbkugel und mal die Südhalbkugel zur Sonne geneigt (▷ B 1).
Auf der Halbkugel, die zur Sonne geneigt ist, ist die Sonneneinstrahlung stärker. Es ist wärmer, es ist Sommer. Auf der Halbkugel, die hingegen nicht zur Sonne geneigt ist, ist die Sonneneinstrahlung schwächer. Es ist kälter, es ist Winter.

Die Erdachse steht schräg. Daher ist mal die Nordhalbkugel und mal die Südhalbkugel zur Sonne geneigt. So entstehen die Jahreszeiten.

AUFGABEN

1 ○ Beschreibe, wie es zur Entstehung der Jahreszeiten kommt.

2 ◔ An welchem Datum beginnt der Sommer auf der Nordhalbkugel? An welchem Datum beginnt der Winter auf der Nordhalbkugel? Recherchiere.

3 ● Fertige eine eigene Skizze an, aus der man ablesen kann, wo auf der Erde am 30. Juni welche Jahreszeit ist. Vergleiche deine Lösung mit der Lösung deiner Mitschülerinnen und Mitschüler. Diskutiert, welche Skizze am aussagekräftigsten ist.

1 Schwarz oder weiß – wärmer oder kühler

2 Helle Sonnenschirme schützen.

Energie von der Sonne

Die Infrarot-Strahlung
Ein wunderschöner Sommertag, die Sonne strahlt. Einen Teil dieser Strahlung nehmen wir als Wärme wahr. Diese Strahlung ist die **Infrarot-Strahlung**.
In der Medizin werden Infrarot-Lampen verwendet, die diese Infrarot-Strahlung aussenden. Die Wärme von Infrarot-Lampen hilft zum Beispiel bei Muskelverspannungen.

3 Mit weißem Kalk ist ein Baum gegen späten Frost geschützt.

Auch bei der Tierhaltung werden Infrarot-Lampen eingesetzt: Infrarot-Lampen schützen in Ställen die empfindlichen Jungtiere vor Kälte.

Schwarz oder weiß?
Wenn die Infrarot-Strahlung der Sonne auf einen Körper trifft, dann wird ihre Energie in Wärme umgewandelt.
Dunkle Flächen nehmen mehr Strahlung auf. Helle Flächen werfen einen großen Teil der Strahlung zurück. Daher erwärmen sich dunkle Flächen stärker. Helle Flächen bleiben kühler. Deshalb ziehst du im Sommer meistens helle Kleidung an.
Ein Beispiel aus der Natur: Obstbäume werden mit weißem Kalk angestrichen (▷ B 3). Die Frühjahrssonne erwärmt die Bäume dadurch weniger. Die Bäume bilden deshalb erst später Knospen, aus denen mal das Obst entsteht. Die Knospen sind somit gegen späten Frost geschützt.

Kohle, Erdöl und Erdgas
Kohle, Erdöl und Erdgas sind Brennstoffe. Aus diesen Brennstoffen beziehen wir unter anderem die Energie, die wir für das Heizen, den elektrischen Strom und den Antrieb von Fahrzeugen benötigen.
Die Sonne hat diese Brennstoffe über

einen Zeitraum von vielen Millionen Jahren entstehen lassen. Beim Verbrennen wird diese Energie dann wieder frei. In der Kohle, dem Erdöl und dem Erdgas ist die Energie von der Sonne gespeichert.

Die Sonne – Motor der „Wettermaschine"
Die Sonne liefert auch die Energie für die riesige „Wettermaschine": Die Sonne setzt ungeheure Mengen von Wasser und Luft in Bewegung. Die Sonne lässt Wasser verdunsten und Wolken entstehen. Die Sonne ist die Ursache für den Wind und der Wind bewegt Wolken. So gelangen ungeheuer große Wassermengen von einem Ort zum anderen.
Weil die Sonne ständig Energie liefert, bezeichnet man die Wasserenergie und die Windenergie (▷ B 5) auch als regenerative (erneuerbare) Energien.

Die Strahlung von der Sonne enthält Infrarot-Strahlung. Wenn Infrarot-Strahlung auf einen Körper trifft, dann wird sie in Wärme umgewandelt. Dabei erwärmen sich dunkle Flächen stärker als helle Flächen.

Wasserenergie und Windenergie entstehen durch die Energie der Sonne. Diese Energie wird von der Sonne ständig nachgeliefert. Deshalb bezeichnet man Windenergie und Wasserenergie als regenerative (erneuerbare) Energien.

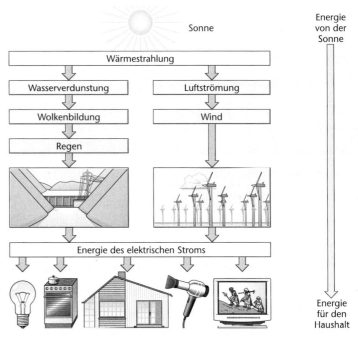

5 So wird die Energie der Sonne genutzt.

AUFGABEN

1 ○ Beschreibe, wie man Obstbäume gegen späten Frost schützt.

2 ○ a) Beschreibe den Begriff „Wettermaschine".
○ b) Begründe, warum die Energie von der Sonne der Motor der „Wettermaschine" ist.

3 ○ Fasse in einem kurzen Bericht zusammen, was in einem Wasserkraftwerk passiert. Benutze dazu die Begriffe aus Bild 4.

4 ● Die Energie von der Sonne wird im Haushalt genutzt (▷ B 5). Erkläre den Zusammenhang.

5 ● Recherchiere im Internet, was außer der Wasserenergie und der Windenergie noch zu den regenerativen Energien gehört. Informiere deine Mitschülerinnen und Mitschüler.

VERSUCH

1 Lege zuerst ein helles, dann ein dunkles T-Shirt in die Sonne oder vor einen Heizstrahler. Erzeuge mithilfe einer Papprolle einen Hohlraum. Miss dort in beiden Fällen vorher und nachher am gleichen Punkt die Temperatur im Inneren des T-Shirts.

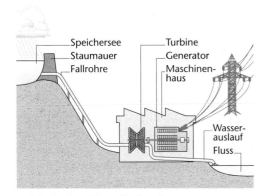

4 Prinzip eines Wasserkraftwerks

1 Das Wetter kann sich an einem Ort innerhalb von einer Stunde ändern.

Wetter und Klima

Das Wetter – tägliches Gesprächsthema
„Ist das heute ein Wetter!" „Mir geht das
Wetter auf die Nerven!" – Bemerkungen
wie diese kennst du bestimmt.
Das Wetter hat großen Einfluss auf unser
Leben. Wir richten uns danach mit unserer Kleidung, mit dem, was wir in unserer
Freizeit unternehmen, und wo wir Urlaub
machen. Menschen, die im Freien arbeiten, sind besonders vom Wetter abhängig.
Landwirte müssen sich zum Beispiel bei
der Bestellung der Felder und bei der Ernte
sehr stark nach der Wetterlage richten.
Auch unser Wohlbefinden hängt vom
Wetter ab. Wenn es im Sommer lange Zeit
regnet und kühl ist, sind wir gereizt und
schlecht gelaunt. Aber auch große Hitze
kann uns zu schaffen machen.

Die Elemente des Wetters
Am Wetter interessiert uns hauptsächlich
die Temperatur und ob es regnet. Wenn du
dir aber einen Wetterbericht im Fernsehen
ansiehst, dann bekommst du Informationen über weitere Bestandteile des Wetters:
Da ist vom Wind und von der Bewölkung
die Rede, manchmal auch vom Luftdruck
und der Luftfeuchtigkeit.
Das Wetter setzt sich wie ein Puzzle aus
all diesen Teilen zusammen, die auch als
Wetterelemente bezeichnet werden (▷ B 3).
(► System, S.152/153)

Die „Wetterschicht" der Atmosphäre
Die Lufthülle der Erde bezeichnet man als
Atmosphäre. Ähnlich wie ein Haus ist auch
die Atmosphäre in Stockwerke eingeteilt.
Das unterste Stockwerk ist die **Tropo-
sphäre**. Die Troposphäre reicht bis in eine
Höhe von etwa zehn Kilometern. In der

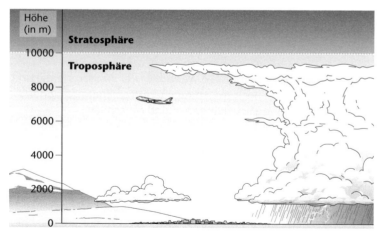

2 Die „Wetterschicht" der Atmosphäre

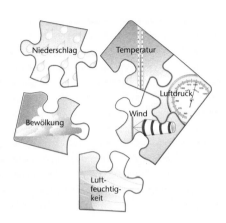

3 Die Elemente des Wetters

Troposphäre findet das Wettergeschehen statt (▷ B 2).
Passagierflugzeuge fliegen in einer Höhe, die am oberen Rand der Troposhäre liegt. Dort gibt es keine Niederschläge mehr und die Luft ist klar. Auch Winde erreichen diese Höhen meist nicht, sodass die Flugzeuge dort ruhig in der Luft liegen.

Was ist Wetter, was ist Klima?
Unter Wetter versteht man den augenblicklichen Zustand der Troposphäre (▷ B 2):
Wie hoch ist die Temperatur? Regnet es? Wie groß ist der Luftdruck, wie hoch ist die Luftfeuchtigkeit? Wie stark weht der Wind? Ist der Himmel bewölkt oder klar?
Das Wetter ist das Zusammenwirken der verschiedenen Wetterelemente an einem bestimmten Ort und zu einer bestimmten Zeit.
Auch das **Klima** wird von den verschiedenen Wetterelementen bestimmt. Allerdings betrachtet man hierbei die Wetterelemente über sehr lange Zeiträume (z. B. mehrere Jahrzehnte) und in einem sehr großen Gebiet (z. B. Mitteleuropa).
Große Gebiete, in denen die Wetterelemente ähnlich sind, bilden eine **Klimazone**. Die verschiedenen Klimazonen ziehen sich wie Bänder um die Erde (▷ B 4). Deutschland liegt z. B. in der gemäßigten Zone. Und obwohl in Hamburg und München dasselbe Klima herrscht, kann das Wetter zur gleichen Zeit sehr unterschiedlich sein.

Das Wetter ist das Zusammenwirken verschiedener Wetterelemente an einem bestimmten Ort zu einer bestimmten Zeit.

Das Klima ergibt sich aus den langjährigen Auswertungen aller Wetterelemente eines großen Gebiets.

AUFGABEN

1 ○ Zähle auf, welche Elemente zum Wetter gehören.

2 ○ Gib an, wie hoch die „Wetterschicht" der Atmosphäre reicht. Lies hierzu im Text nach.

3 ◐ Begründe, warum die Reisehöhe von Flugzeugen bei rund 10 000 Metern liegt.

4 ◐ Was haben Wetter und Klima gemeinsam, worin bestehen die Unterschiede? Vergleiche.

5 ● Verfolge einen Wetterbericht im Radio oder Fernsehen. Nimm den Wetterbericht, wenn möglich, auf. Notiere, welche Wetterelemente angesprochen werden. Fasse kurz zusammen, was zu den einzelnen Wetterelementen gesagt wird.

6 ● Eine weitere Luftschicht ist die Stratosphäre (▷ B 2). In der Stratosphäre befindet sich die Ozonschicht. Recherchiere die Bedeutung der Ozonschicht.

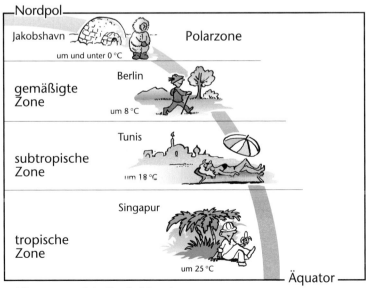

4 Klimazonen auf der Nordhalbkugel

Wetterelemente

Luftdruck (▷ B 1)
Die Luftteilchen üben nach unten zur Erdoberfläche einen Druck aus. Dieser Druck wird als Luftdruck bezeichnet. Die Einheit für den Luftdruck ist Hektopascal (hPa). Wenn man in die Höhe steigt, nimmt der Luftdruck ab. Auf der Höhe des Meeresspiegels beträgt der Luftdruck durchschnittlich 1013 hPa, in 4 000 Metern Höhe beträgt er nur noch 616 hPa.

Luftfeuchtigkeit (▷ B 2)
In der Luft ist Feuchtigkeit enthalten. Sie wird als Luftfeuchtigkeit bezeichnet.
An dunstigen oder diesigen Tagen kannst du die Feuchtigkeit in der Luft sehen: Die Luft ist nicht klar. Je wärmer die Luft ist, desto mehr Feuchtigkeit kann sie aufnehmen. Wenn sehr viel Feuchtigkeit in kühler oder kalter Luft ist, bildet sich Nebel.

Niederschlag (▷ B 3)
Die Feuchtigkeit, die aus Wolken auf die Erde fällt, wird als Niederschlag bezeichnet. Der Niederschlag ist, je nach Lufttemperatur, flüssig oder fest.
Zum Niederschlag gehören: Regen, Schnee, Graupel, Hagel und Nebel.

Wind (▷ B 4)
Wenn sich Luft über den Erdboden bewegt, dann bezeichnet man das als Wind. Der Wind ist eine Folge von unterschiedlichem Luftdruck. Wind bewegt sich immer vom hohen Druck (Hochdruck oder Hoch) zum tiefen Druck (Tiefdruck oder Tief).
Wenn Wind kräftiger weht, bezeichnet man ihn als Sturm. Extrem starke Winde werden als Orkan bezeichnet. In den Tropen gibt es Wirbelstürme, die Hurrikans, Taifune und Zyklone genannt werden. Sie richten oft schwere Schäden an.

Wolken (▷ B 5)
Wenn Feuchtigkeit mit warmer Luft vom Erdboden aufsteigt, bilden sich in der Höhe Wolken. Denn in der Höhe kondensiert die Feuchtigkeit, weil es dort kälter ist.
Es gibt Wolken, aus denen kein Niederschlag fällt. Dort sind die Wassertröpfchen so klein, dass sie schweben können. Wassertröpfchen können sich auch zusammenschließen: Dann kann es passieren, dass die Tropfen zu groß werden, um noch zu schweben. Sie fallen dann als Niederschlag auf die Erde. Wolken haben auf die Erwärmung der Erdoberfläche einen großen Einfluss. Wolken wirken einerseits wie ein Sonnenschirm, denn sie werfen das Sonnenlicht in den Weltraum zurück. Wolken bewirken andererseits, dass die abgestrahlte Wärme nicht in vollem Maße in den Weltraum entweicht.

Die Messgeräte der Wetterstation

Barometer (▷ B 4)
Der Luftdruck wird mit dem Barometer gemessen. Die Einheit ist das Hektopascal (hPa).
Bei einem hohen Luftdruck spricht man von einem Hoch, bei einem tiefen Luftdruck von einem Tief. Auf vielen Barometern stehen Bezeichnungen wie „Regen", „Wind" oder „schön". Wenn der Luftdruck niedrig ist (Tief), dann bedeutet das nämlich meistens Regen oder Wind. Bei hohem Luftdruck (Hoch) ist der Himmel hingegen meist wolkenlos und klar.

Hygrometer (▷ B 3)
Ein Hygrometer ist ein Messgerät zur Bestimmung der Luftfeuchtigkeit. Dabei macht man sich zunutze, dass sich Haare abhängig von der Feuchtigkeit unterschiedlich stark dehnen lassen.

Minimum-Maximum-Thermometer (▷ B 2)
Mit einem Thermometer kannst du Temperaturen messen.
Es gibt ein spezielles Thermometer: das Minimum-Maximum-Thermometer. Auf einem Minimum-Maximum-Thermometer kannst du den tiefsten und höchsten Temperaturwert seit der letzten Messung ablesen.

Niederschlagsmesser (▷ B 6)
Zur Messung der Niederschlagswerte dient der Niederschlagsmesser. Er befindet sich etwa einen Meter über dem Boden an einer windgeschützten Stelle. Die Niederschläge fallen in ein geeichtes, trichterförmiges Auffanggefäß.

Wetterhütte (▷ B 5)
Die Wetterhütte ist ein Kasten, der sich in etwa zwei Metern Höhe befindet. Die Wetterhütte hat keine geschlossenen Wände, sondern Lamellenwände, die eine gute Belüftung zulassen. In der Wetterhütte befinden sich die Messgeräte für Temperatur, Luftdruck und Luftfeuchtigkeit.

Windfahne und Windmesser (▷ B 1)
Diese beiden Messgeräte findet man häufig kombiniert.
Der Windmesser – auch Anemometer genannt – ist in etwa zehn Metern Höhe auf freiem Gelände an einem Mast angebracht. Mit diesem Gerät wird die Windgeschwindigkeit gemessen.
Die Windfahne zeigt die Windrichtung an.

Wetterbeobachtung und Wetteraufzeichnung

1

Bei den folgenden Messungen kannst du dich selbst als Meteorologe betätigen. Beobachte dazu über einen längeren Zeitraum Temperatur, Niederschlag, Luftdruck und Bewölkung und trage die Ergebnisse in einen Wetterbeobachtungsbogen (▷ B 2) ein. Wichtig ist, dass du die Messwerte jeden Tag zur gleichen Uhrzeit abliest.

Material
Heft, Stift, Lineal, Thermometer, Barometer, Niederschlagsmesser (Trinkglas)

Versuchsanleitung
a) Übertrage den Wetterbeobachtungsbogen (▷ B 2) in dein Heft.

b) Messung der Temperatur:
Hänge das Thermometer draußen an einem schattigen Platz auf. Achte darauf, dass du das Thermometer beim Ablesen der Messwerte immer auf Augenhöhe hältst.
Lies die Temperatur zu drei verschiedenen Tageszeiten ab (zum Beispiel um 7 Uhr, um 14 Uhr und um 21 Uhr). Trage die Messwerte in die Tabelle ein.
Am Ende des Tages kannst du die Tagesmitteltemperatur berechnen.
c) Messung des Luftdrucks:
Das Barometer solltest du an einem Platz aufhängen, der vor Sonne und Regen geschützt ist.
Lies die Anzeigewerte des Barometers einmal täglich ab und trage sie in die Tabelle ein.

d) Feststellung von Niederschlag:
Stelle den Niederschlagsmesser (Trinkglas) möglichst frei auf, also nicht in der Nähe einer Hauswand oder anderer Gegenstände. Entleere das Messgerät täglich. Trage in die Tabelle „ja" oder „nein" ein.
e) Aufzeichnung der Bewölkung:
Die Bewölkung wird je nach Stärke durch einen teilweise bis vollständig ausgemalten Kreis (▷ B 3) dargestellt.
Bestimme den Grad der Bewölkung vormittags und nachmittags.

○	wolkenlos
◐	heiter
◑	halb bedeckt
◕	wolkig
●	bedeckt

3 Bewölkung

1 ⊖ Vergleiche nach Abschluss deiner Wetterbeobachtung deine Ergebnisse mit denen deiner Mitschülerinnen und Mitschüler. Stimmen eure Werte überein? Diskutiert, welche Ursachen unterschiedliche Ergebnisse haben könnten.

Tag	Temperatur (in °C)				Luftdruck (in hPa)	Niederschlag ja/nein	Bewölkung	
	7 Uhr	14 Uhr	21 Uhr	Tagesmittel-temperatur			vormittags	nachmittags

2 In den Wetterbeobachtungsbogen werden die Messwerte eingetragen.

Kreisläufe beim Wetter

Was ist ein Kreislauf?

Wenn ein Läufer auf einer Laufbahn im Stadion läuft, kann man das als einen „Kreislauf" bezeichnen. Er läuft los und kommt immer wieder an seinen Anfangspunkt zurück.

Es gibt viele Kreisläufe in unserem Leben und im Alltag. Vielleicht hast du auch schon von Kreisläufen beim Wetter gehört. Das Wasser auf der Erde bewegt sich in Kreisläufen und bei der Luft ist das auch so.

Der Kreislauf des Wassers

Das Wasser auf der Erde bewegt sich in Kreisläufen (▷ B 2). Über den Meeren verdunstet Wasser durch die Wärme der Sonne. Wasserdampf steigt auf. Es bilden sich Wolken. Die Wolken werden vom Wind weggeweht und anderswo regnet es aus diesen Wolken. Das Wasser gelangt so wieder zur Erde und schließlich über Flüsse und Bäche auch wieder ins Meer.

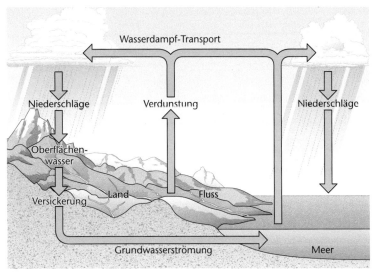

2 Der Kreislauf des Wassers

Der Kreislauf der Luft

Auch die Luftmassen der Erde bewegen sich in Kreisläufen. Am Nordpol und am Südpol ist es sehr kalt. Am Äquator ist es sehr heiß. Weil die Luftmassen der Erde sich in Kreisläufen bewegen, wird Wärme transportiert. Daher werden die Temperaturen ausgeglichen (Wärmekreislauf). Im Kleinen findet man einen solchen Kreislauf auch im Sommer an der Küste (▷ B 1).

Wasser bewegt sich auf der Erde durch Verdunstung, Wolken, Wind und Niederschläge in Kreisläufen.

Die Kreisläufe der Luft sorgen auf der Erde für einen Ausgleich der Temperaturen.

AUFGABEN

1 ○ Nenne zwei Beispiele für Kreisläufe.

2 ◐ Erläutere, was Bild 2 aussagt.

3 ● Welche weiteren Kreisläufe kennst du? Nenne sie und erkläre, was sich dabei „im Kreis bewegt".

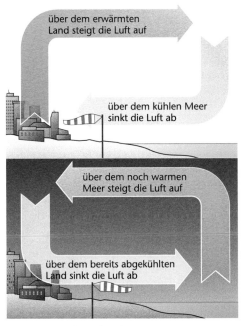

1 Seewind und Landwind

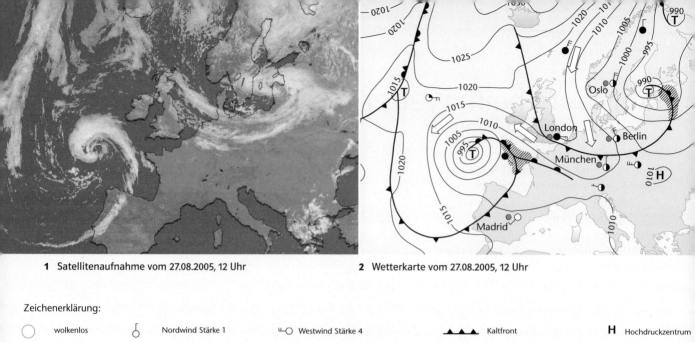

1 Satellitenaufnahme vom 27.08.2005, 12 Uhr

2 Wetterkarte vom 27.08.2005, 12 Uhr

Zeichenerklärung:

◯	wolkenlos		Nordwind Stärke 1	⌐◯	Westwind Stärke 4	▲▲▲ Kaltfront	**H**	Hochdruckzentrum
◑	halb bedeckt	◯⌐	Ostwind Stärke 2	/////	Niederschlagsgebiet	⇨ Luftströmung warm	**T**	Tiefdruckzentrum
●	bedeckt		Südwind Stärke 3	●●●	Warmfront	➡ Luftströmung kalt		

Wetterbericht und Wetterkarte

Wetterdaten werden gesammelt

Bevor eine Wettervorhersage gemacht werden kann, muss eine Wetterbeobachtung durchgeführt werden. Dazu sammelt man die Wetterdaten innerhalb eines größeren Gebiets.

Ganz Deutschland ist von einem dichten Netz von Wetterstationen überzogen. Außerdem gibt es über das Land verteilt zahlreiche Wetterämter.

Die Wetterämter sammeln die Messdaten aller Wetterstationen in ihrer Region. Diese Daten werden dann an das Zentralamt des Deutschen Wetterdienstes nach Offenbach übermittelt und dort weiterverarbeitet.

Zusätzliche Informationen liefern Wettersatelliten, Wetterballons (▷ B 3) und Messbojen (▷ B 4) im Meer.

Austausch von Wetterdaten

Zu den Wetterdaten gehören Angaben über Lufttemperatur, Luftdruck, Luftfeuchtigkeit, Bewölkung, Windrichtung und Windstärke. Diese Daten werden zwischen verschiedenen Wetterämtern ausgetauscht.

Der Austausch von Informationen erfolgt weit über die Landesgrenzen hinaus, denn auch die Wetterdaten angrenzender Staaten sind wichtig für die Erstellung von Wetterkarte und Wettervorhersage.

Wetterkarte und Wettervorhersage

Eine Wetterkarte entsteht so: Alle drei Stunden erstellt ein Computerprogramm aus den gespeicherten Wetterdaten eine Wetterkarte. Diese Wetterkarte beschreibt die momentane Wettersituation in einem bestimmten Gebiet.

Wenn der Meteorologe nun mehrere zeitlich aufeinander folgende Wetterkarten vergleicht, dann kann er aus den Veränderungen des Wetters eine Wettervorhersage treffen. Ein Computer hilft bei der Berechnung der Vorhersage.

Genauigkeit der Vorhersage

Das Wetter wird von vielen Faktoren beeinflusst. Daher ist es schwierig, eine genaue Vorhersage zu machen.
Man unterscheidet zwischen kurzfristigen, mittelfristigen und langfristigen Wettervorhersagen. Kurzfristige Wettervorhersagen gelten für 24 Stunden. Mittelfristige Wettervorhersagen gelten für 3 bis 10 Tage und langfristige Wettervorhersagen sind für mehr als 10 Tage gültig.
Dabei wird die Genauigkeit der Vorhersage immer geringer, je länger der Zeitraum ist, für den die Vorhersage gelten soll.
Kurzfristige Vorhersagen sind in etwa neun von zehn Fällen richtig. Bei Vorhersagen über Zeiträume von mehr als drei Tagen sinkt die Genauigkeit: Nur noch in der Hälfte aller Fälle entwickelt sich das Wetter so, wie es in der Vorhersage beschrieben wurde.

Um einen Wetterbericht und eine Wetterkarte zu erstellen, werden Wetterdaten aus der ganzen Welt gesammelt und in einen Computer eingegeben. Dieser erstellt die Wetterkarte und die Vorhersage.

AUFGABEN

1 ○ Nicht nur die Wetterstationen am Boden liefern Informationen über die Wetterelemente. Nenne weitere Informationsquellen.

2 ○ Gib an, für welchen Zeitraum man sehr genaue Vorhersagen machen kann.

3 ◐ Denke dir drei Fragen zum Text aus. Stelle die Fragen deinem Nachbarn und beantworte seine Fragen.

4 ◐ a) Sammle aus unterschiedlichen Zeitungen Wetterberichte, z.B. für deinen Ort. Über welche Wetterelemente werden Aussagen gemacht? Berichte.
◐ b) Überprüfe, ob die Wetterberichte stimmen.

5 Die Bilder 1 und 2 zeigen die gleiche Wettersituation, einmal auf einer Satellitenaufnahme und einmal auf einer Wetterkarte.
● a) Wie ist zum angegebenen Zeitpunkt das Wetter in London und Madrid? Mache Aussagen über Niederschlag, Bewölkung, Windrichtung und Windstärke.
● b) Versuche anhand der beiden Bilder vorherzusagen, wie sich das Wetter in Madrid verändern wird.

6 ● Otto von Guericke war einer der ersten Meterologen. Recherchiere seine Forschungen zum Luftdruck im Internet (► S.10/11). Frage, wenn nötig, deinen Lehrer/deine Lehrerin nach geeigneten Internetseiten.

3 Wetterballon

4 Wettermessboje

5 Hier wird das Wetter „gemacht".

Zusammenfassung

Temperatur
Der Mensch hat einen Temperatursinn, mit dem er seine Umwelt als warm oder kalt empfindet.

Die Temperatur wird mit dem Thermometer gemessen. Bei uns ist die Celsius-Skala gebräuchlich.

Wärme wird zugeführt oder entzogen und verändert die Temperatur.

Ausdehnung von Körpern
Körper dehnen sich aus, wenn sie erwärmt werden.

Körper ziehen sich wieder zusammen, wenn sie abgekühlt werden.

Die Anomalie des Wassers
Wasser verhält sich beim Ausdehnen und Zusammenziehen anders als andere Flüssigkeiten: Bei +4 °C hat sich Wasser am stärksten zusammengezogen. Wenn Wasser stärker abgekühlt wird, dehnt es sich wieder aus.

Änderung des Aggregatzustands
Wenn man die Temperatur eines Stoffes verändert, kann sich auch sein Aggregatzustand verändern.

Beim Schmelzen wird ein fester Stoff flüssig. Beim Erstarren wird ein flüssiger Stoff wieder fest. Beim Verdampfen wird eine Flüssigkeit gasförmig. Beim Kondensieren wird ein Gas wieder flüssig.

Teilchenmodell
Alle Stoffe bestehen aus kleinsten Teilchen. Die Teilchen eines bestimmten Stoffes sind alle gleich.

Zwischen den Teilchen gibt es Anziehungskräfte. In festen Stoffen sind die Anziehungskräfte stark. In Flüssigkeiten sind die Anziehungskräfte schwächer und bei Gasen sind sie fast nicht mehr vorhanden.

Die Sonne
Die Sonne ist ein Stern: Die Sonne erzeugt Licht und Wärme und ermöglicht damit das Leben auf der Erde.

Tag und Nacht, Jahreszeiten
Die Erde dreht sich um ihre eigene Achse. Dadurch ist mal die eine und mal die andere Seite der Erde beleuchtet. So entstehen Tag und Nacht.

Weil die Erdachse schräg steht, bestrahlt die Sonne mal die Nordhalbkugel stärker und mal die Südhalbkugel stärker. Daher gibt es die Jahreszeiten.

Wetter und Klima
Beim Wetter wirken die Wetterelemente an einem bestimmten Ort und zu einer bestimmten Zeit zusammen. Beim Klima gilt das für einen längeren Zeitraum in einem großen Gebiet.

Zu den Wetterelementen gehören: Temperatur, Niederschlag, Luftfeuchtigkeit, Luftdruck, Wind und Bewölkung.

Der Wetterbericht mit diesen Wetterelementen wird mithilfe von Computern erstellt.

1

AUFGABEN

1 ○ Ergänze folgenden Satz zur Ausdehnung von Körpern: Feste Körper dehnen sich aus, wenn sie …

👍 Super! ❓ ► S. 30

2 ○ Gib an, wo du im Haushalt das Kondensieren von Wasserdampf erkennen kannst.

👍 Super! ❓ ► S. 32/33

3 ○ Beschreibe die Begriffe Wetter und Klima.

👍 Super! ❓ ► S. 42/43

4 ○ Beschreibe, wie ein Wetterbericht entsteht.

👍 Super! ❓ ► S. 48/49

5 ◐ Halte eine ganze Weile eine Hand unter einen kalten Wasserstrahl, die andere Hand unter einen sehr warmen Wasserstrahl. Halte anschließend beide Hände unter einen lauwarmen Wasserstrahl. Beschreibe und begründe, was du empfindest.

👍 Super! ❓ ► S. 24

6 ◐ Erkläre den Unterschied zwischen Wärme und Temperatur.

👍 Super! ❓ ► S. 26

7 ◐ Erkläre, wie ein Thermometer funktioniert.

👍 Super! ❓ ► S. 28

8 ◐ Begründe, warum Fische in einem zugefrorenen See nicht erfrieren.

👍 Super! ❓ ► S. 29

9 ◐ Beschreibe, was passiert, wenn eine Kerze brennt.

👍 Super! ❓ ► S. 34/35

10 ◐ Erkläre den folgenden Satz: „In Kohle, Erdöl und Erdgas steckt gespeicherte Sonnenenergie."

👍 Super! ❓ ► S. 40/41

11 ◐ Stell dir vor, du möchtest morgen eine Radtour unternehmen. Schaue dir eine Wettervorhersage an und entscheide, ob die Radtour eine gute Idee ist.

👍 Super! ❓ ► S. 48/49

12 ● Es gibt auch die Jahresmitteltemperatur. Überlege, wie man die Jahresmitteltemperatur berechnet und schreibe es in knappen Stichworten auf.

👍 Super! ❓ ► S. 27

13 ● An heißen Sommertagen sollte der Tank eines Pkw an der Tankstelle nicht randvoll befüllt werden, wenn der Pkw anschließend sofort abgestellt wird. Begründe.

👍 Super! ❓ ► S. 28

14 ● Im Bereich des Äquators gibt es keine Jahreszeiten. Überlege und begründe, warum das so ist.

👍 Super! ❓ ► S. 39

3 Sehen und Hören

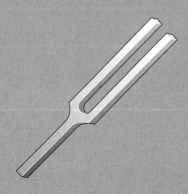

- Wie sehen wir mit unseren Augen?

- Wie können wir uns verständigen?

- Wie entstehen Spiegelbilder?

- Gibt es Töne, die wir nicht hören können?

- Warum müssen wir unsere Ohren schützen?

1 Verschiedene Lichtquellen

Von der Lichtquelle zum Auge

Lichtquellen – selbstleuchtende Körper

Tagsüber ist die Sonne unsere wichtigste Lichtquelle. Sie spendet so viel Helligkeit, dass wir meistens keine andere Lichtquelle benötigen.

Doch bei schlechten Wetterverhältnissen und abends benutzen wir andere Lichtquellen: Du schaltest zum Beispiel die elektrische Beleuchtung an. Andere Leute benutzen eine Kerzenflamme. Es gibt viele solcher Lichtquellen. Solche Lichtquellen haben gemeinsam, dass sie das Licht selbst erzeugen. Man bezeichnet sie deshalb als **selbstleuchtende Körper**.

Lichtquellen – beleuchtete Körper

In klaren Vollmondnächten reicht das Licht des Mondes aus, um draußen die Umgebung zu sehen und vielleicht sogar zu lesen. Der Mond ist für uns eine Lichtquelle. Doch der Mond erzeugt kein eigenes Licht wie die Sonne. Er ist kein selbstleuchtender Körper. Der Mond wird von der Sonne bestrahlt und wirft ihr Licht zurück. Ein Teil des Lichts gelangt zur Erde. Der Mond ist ein **beleuchteter Körper**.

Fast alle Gegenstände in unserer Umgebung sind beleuchtete Körper: Wir können diese Gegenstände nur sehen, wenn sie das Licht einer Lichtquelle zurückwerfen und wenn das Licht dann in unser Auge gelangt.

Sender und Empfänger

Die Begriffe Sender und Empfänger kennst du vermutlich vom Versenden von Briefen, E-Mails oder Handy-Nachrichten. Doch was haben diese Begriffe mit dem Sehen zu tun?

2 Licht breitet sich in alle Richtungen aus.

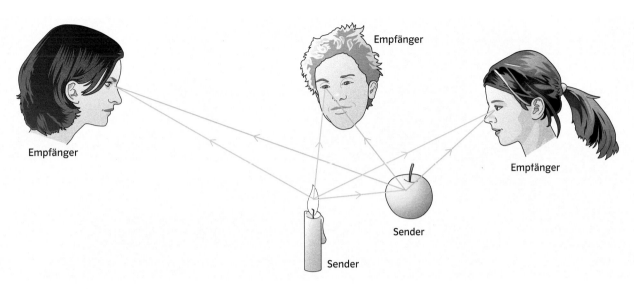

3 Sender und Empfänger

Sender des Lichts

Lichtquellen **senden** Licht In alle Richtungen aus. Das gilt sowohl für selbstleuchtende als auch für beleuchtete Körper (▷ B 2, B 3). Die Kerzenflamme (selbstleuchtend) ist deshalb auch von jedem Ort der Umgebung zu sehen. Auch der Apfel (beleuchtet) kann von jedem Ort im Raum gesehen werden. Die Lichtquellen sind also die **Sender** des Lichts.

Empfänger des Lichts

Unsere Augen sind die **Empfänger** des Lichts (▷ B 3). Wir können einen Körper jedoch nur sehen, wenn zwischen dem Körper und unseren Augen kein Hindernis steht. Weil Lichtstrahlen nicht „um die Ecke" gehen können, können sie ein Hindernis nicht überwinden.

Selbstleuchtende Körper erzeugen selber Licht und senden dieses Licht aus. Beleuchtete Körper hingegen können kein eigenes Licht erzeugen. Beleuchtete Körper werfen das Licht anderer Lichtquellen zurück.

Lichtquellen senden Licht aus. Unsere Augen empfangen das Licht.

AUFGABEN

1 ○ Beschreibe an den Beispielen Sonne und Mond den Unterschied zwischen selbstleuchtenden und beleuchteten Körpern.

2 ○ Eine Taschenlampe sendet Licht aus. Mit diesem Licht wird die Seite eines Buchs beleuchtet. Das Buch wird von Daniel gelesen. Ordne die folgenden Begriffe richtig zu: Sender, Empfänger, selbstleuchtender Körper und beleuchteter Körper.

3 ◒ Eine brennende Kerze ist eine Lichtquelle. Warum ist eine Kerze, die nicht brennt, auch eine Lichtquelle? Begründe.

4 ◒ Ordne folgende Gegenstände nach selbstleuchtenden und beleuchteten Körpern: Kerzenflamme, Sonne, Apfel, Streichholzflamme, Mond, Wolken, Lagerfeuer, Taschenlampe ohne Batterien, eingeschalteter Computermonitor.

5 ◒ Plane einen einfachen Versuch, mit dem du Folgendes zeigen kannst: Man kann Körper nur dann sehen, wenn das Licht direkt in unser Auge gelangt. Skizziere den Versuch.

6 ● Anissa sagt: „Auch meine Augen senden Licht aus." Beurteile, ob Anissa Recht hat.

7 ● Faisal sagt: „Unser Fernsehgerät ist manchmal ein selbstleuchtender Körper. Aber oft ist es nur ein beleuchteter Körper." Nimm ausführlich Stellung zu Faisals Aussage.

Versuche mit Licht

Die folgenden Versuche gelingen besonders gut, wenn sie in einem abgedunkelten Raum durchgeführt werden. Ihr könnt die Versuche zu zweit durchführen.

1 Wie breitet sich Licht aus?
Material
Weißes Papier, Bleistift, Lineal, Experimentierleuchte, Pappe, Schere

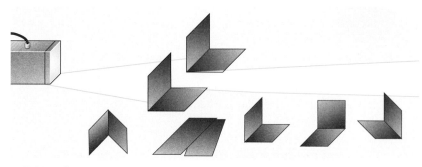

1 Zu Versuch 1

Versuchsanleitung
a) Stelle die Experimentierleuchte auf das weiße Papier. Beobachte, welche Form das Licht der Experimentierleuchte auf dem Papier erzeugt.
b) Schneide aus der Pappe sechs kleine Rechtecke aus. Knicke sie in der Mitte, damit sie als Pappwinkel stehen bleiben (▷ B1). Stelle nun zwei Pappwinkel nebeneinander vor die Experimentierleuchte. Dadurch grenzt du das Licht ein, das von der Leuchte ausgeht. Die beiden Pappwinkel bilden eine so genannte Blende.
c) Stelle nun die vier übrigen Pappwinkel so auf, dass sie zwei weitere Blenden bilden. Die Öffnungen der Blenden sollen immer kleiner werden (▷ B2).
Welche Form hat der beleuchtete Bereich hinter den Blenden? Zeichne das Ergebnis mit Bleistift und Lineal auf das weiße Blatt.

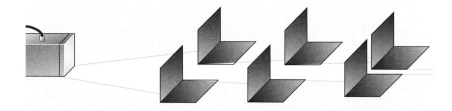

2 Vom Lichtbündel zum Lichtstrahl

2 Wie entsteht ein Schatten?
Material
Eine hell leuchtende Glühlampe in der Fassung oder eine Taschenlampe oder eine brennende Kerze

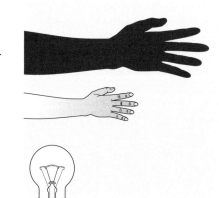

Versuchsanleitung
a) Stelle die Lichtquelle vor eine helle Wand. Halte deine Hand zwischen Lichtquelle und Wand. Beschreibe, was du an der Wand siehst (▷ B3).
b) Verändere den Abstand zwischen Lichtquelle, Wand und deiner Hand. Notiere deine Beobachtungen.

3 Schatten an der Wand

Die Ausbreitung des Lichts

Wie breitet sich Licht aus?

Manchmal kannst du sehen, wie das Sonnenlicht zwischen den Wolken hindurch scheint (▷ B 1). Das Licht breitet sich **geradlinig** aus, als wäre es mit einem Lineal gezeichnet.

Stellt man eine Experimentierleuchte auf einen Tisch, so sieht man eine helle Fläche. Mithilfe undurchsichtiger Gegenstände kann man schmale **Lichtbündel** erzeugen (▷ B 56.2). Wenn man den Schlitz immer enger machen könnte, dann würde auf dem Papier nur noch eine feine helle Linie sichtbar sein. Diese Linie bezeichnet man als **Lichtstrahl**. Strahlen kennst du aus dem Geometrieunterricht: Strahlen sind gerade Linien, die von einem Punkt ausgehen.

Kann man das Licht sehen?

Eine durchlöcherte Dose steht über einer leuchtenden Glühlampe. Das Licht, das durch die Löcher nach außen tritt, ist aber nicht zu sehen. Erst mit Puder oder Kreidestaub kannst du die Lichtbündel sichtbar machen (▷ B 2). Das Licht wird dabei von den kleinen Staubteilchen oder Kreideteilchen in unser Auge gelenkt. Nun erkennst du auch, dass sich das Licht in alle Richtungen ausbreitet.

Licht breitet sich geradlinig in alle Richtungen aus.

Sehr dünne Lichtbündel nennt man Lichtstrahlen.

Lichtbündel kann man nur sehen, wenn das Licht in unsere Augen gelangt.

AUFGABEN

1 ○ Beschreibe, wie sich das Licht von einer Lichtquelle ausbreitet.

2 ○ Vergleiche die Bilder 1 und 2. Gib ihre Gemeinsamkeiten an.

3 ◒ Wie kannst du nur mithilfe einer Taschenlampe, einer Pappe, einem Nagel und Puder ein dünnes Lichtbündel sichtbar machen? Beschreibe einen Versuch und führe ihn durch.

4 ◒ Warum können die Astronauten und Kosmonauten bei einem Raumflug die Erde im dunklen Weltall sehen (▷ B 3)? Begründe.

5 ● Begründe, warum im Weltraum keine Lichtstrahlen sichtbar sind.

1 Licht breitet sich geradlinig aus.

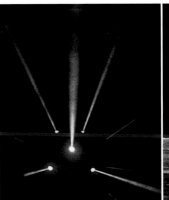

2 Kreidestaub macht Lichtbündel sichtbar.

3 Die Erde vom Weltall aus

Versuche mit der Lochkamera

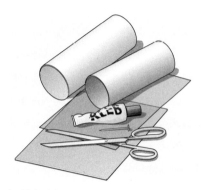

1 Material

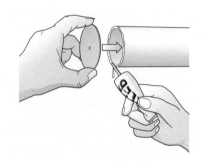

2 Aufkleben der Pappscheibe

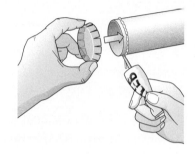

3 Aufkleben des Transparentpapiers

Mithilfe einfacher Mittel kannst du eine Kamera bauen, die Bilder von deiner Umgebung zeigt. Die Versuche funktionieren besonders gut in einem abgedunkelten Raum.

Material
Zwei ineinander passende Pappröhren, dünne Pappe, Transparentpapier, Schere, Kleber, kleiner Nagel, Zirkel

Bauanleitung
Schneide aus der Pappe eine runde Scheibe aus (ihr Durchmesser soll etwas größer sein als der Durchmesser der Pappröhren). Bohre ein kleines Loch in die Mitte der Scheibe. Klebe die Pappscheibe auf ein Ende der äußeren Röhre (▷ B 2). Klebe auf das Ende der inneren Röhre das Transparentpapier (▷ B 3). Stecke nun die beiden Röhren ineinander (▷ B 4).

Versuchsanleitung
a) Stelle eine brennende Kerze vor deine Kamera. Betrachte das Bild auf dem Transparentpapier.
b) Gehe mit deiner Kamera näher an die Kerze heran. Beschreibe die Veränderung des Bilds.
c) Verschiebe nun die beiden Pappröhren gegeneinander (▷ B 4). Ändere dabei nicht die Entfernung zwischen Kerze und Lochkamera. Beobachte das Bild. Formuliere deine Ergebnisse als Je-desto-Sätze.
d) Was geschieht, wenn du das Loch in der Lochkamera vergrößerst (▷ B 5)? Beschreibe, wie sich das Bild verändert.

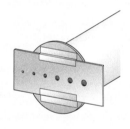

5 Unterschiedliche Blenden

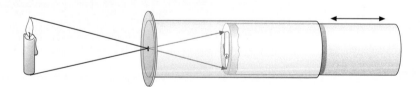

4 Prinzip der Lochkamera

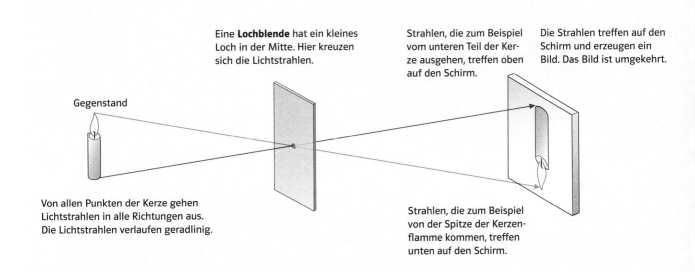

Eine **Lochblende** hat ein kleines Loch in der Mitte. Hier kreuzen sich die Lichtstrahlen.

Strahlen, die zum Beispiel vom unteren Teil der Kerze ausgehen, treffen oben auf den Schirm.

Die Strahlen treffen auf den Schirm und erzeugen ein Bild. Das Bild ist umgekehrt.

Gegenstand

Von allen Punkten der Kerze gehen Lichtstrahlen in alle Richtungen aus. Die Lichtstrahlen verlaufen geradlinig.

Strahlen, die zum Beispiel von der Spitze der Kerzenflamme kommen, treffen unten auf den Schirm.

1 Bildentstehung bei einer Lochblende

Wie funktioniert die Lochkamera?

Eine **Lochblende** hat ein kleines Loch in der Mitte (▷ B 1). Mit einer Lochblende kannst du ein Bild erzeugen. Dies ist das Prinzip der **Lochkamera**.

Wie kann man das Bild einer Lochkamera verändern?

Das Bild auf dem Schirm der Lochkamera sieht nicht immer gleich aus. Wenn du mit deiner Lochkamera näher an den Gegenstand herangehst, dann wird das Bild größer. Wenn du den Abstand zwischen der Lochblende und dem Schirm vergrößerst, dann wird das Bild ebenfalls größer. Benutzt du eine Blende mit einer größeren Öffnung, wird das Bild unscharf.

Eine Lochkamera erzeugt ein umgekehrtes Bild. Die Größe des Bilds hängt von den Abständen zwischen Gegenstand und Blende sowie zwischen Blende und Schirm ab.

AUFGABEN

1 ○ Wovon hängt die Größe des Bilds ab, das eine Lochkamera erzeugt? Formuliere Je-desto-Sätze.

2 ◐ Begründe mithilfe einer Skizze, warum die Bilder bei einer Lochkamera nicht nur oben und unten vertauschen, sondern auch links und rechts.

3 ◐ Wenn man bei der Lochkamera eine Blende mit einer großen Öffnung benutzt, dann wird das Bild unscharf. Erkläre den Zusammenhang.

4 ● Welches Bild erzeugt eine Lochkamera, wenn zwei Kerzen nebeneinander vor der Kamera stehen? Fertige eine Skizze an.

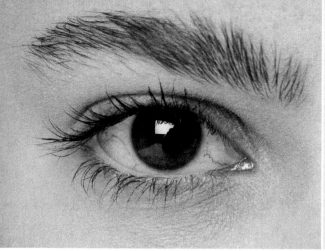

1 Das menschliche Auge

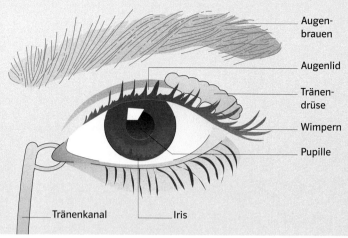

2 Äußerer Bau des menschlichen Auges

⊙ Die Augen des Menschen

Augen haben einen natürlichen Schutz
Die Augen sind für uns äußerst wichtig.
Jedes liegt deshalb sicher eingebettet in
der **Augenhöhle** des Schädels. Nach außen
schützen verschiedene Einrichtungen die
Augen (▷ B 1, B 2).
Wenn du schwitzt, halten **Augenbrauen**
den salzigen Schweiß auf. Sie verhindern,
dass er in deine Augen gelangt. Die **Wimpern** vermeiden, dass Staubteilchen oder
kleine Fliegen in deine Augen gelangen.
Die **Augenlider** verschließen die Augen und
bieten somit einen weiteren Schutz.

Tränen – nicht nur zum Heulen
Unter den Augenbrauen liegen die **Tränendrüsen** (▷ B 2). Sie bilden die Tränenflüssigkeit, die mit jedem Lidschlag über die
Augenoberfläche verteilt wird. Die Flüssigkeit befeuchtet die **Hornhaut** und hält sie
sauber. Wenn wir traurig sind, produzieren
die Drüsen mehr Flüssigkeit. Der **Tränenkanal** kann dann nicht alles ableiten: Wir
weinen.

Ein Blick in das Augeninnere
Der kugelförmige **Augapfel** wird von dem
Glaskörper ausgefüllt, der ihm Festigkeit
gibt. Der Augapfel wird außen von der
weißen, widerstandsfähigen **Lederhaut**
umhüllt. An ihr sitzen die Augenmuskeln,
mit denen wir das Auge bewegen können.
Vorn geht die Lederhaut in die durchsichtige Hornhaut über. Dahinter liegt die **Iris**,
die auch Regenbogenhaut heißt. Sie ist
unterschiedlich gefärbt.
In der Mitte der Iris liegt das Sehloch,
die **Pupille**. Ihr Durchmesser verändert sich
je nach Helligkeit. So wird das Auge vor
zu grellem Licht geschützt. Die **Linse** liegt
hinter der Pupille. Sie wirkt wie eine Lupe
und dient der Scharfstellung des Bildes
aus der Umgebung. Die **Netzhaut** im Inneren des Auges enthält die **Lichtsinneszellen**.

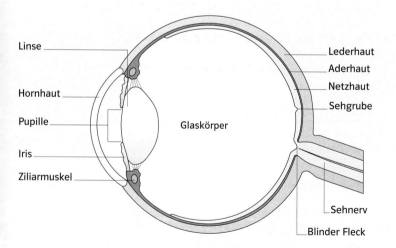

3 Aufbau des Auges

60

Sie wandeln Lichtreize in elektrische Signale um. Hinter der Netzhaut liegt die **Aderhaut**. Sie versorgt das Auge mit den nötigen Nährstoffen (▷ B 3).

Die Linse regelt die Bildschärfe

Licht dringt zunächst über die durchsichtige Hornhaut in das Auge ein (▷ B 4). Es geht durch die dahinter liegende Pupille und trifft auf die Linse. Sie ist über feine Fasern mit dem ringförmigen **Ziliarmuskel** verbunden. Bei Anspannung des Muskels wölbt sich die Linse und du erkennst nahe Gegenstände scharf. Entspannt sich der Muskel, flacht die Linse ab. Dann kannst du in die Ferne schauen.

Ein Bild entsteht

Der einfallende Lichtstrahl endet an der Netzhaut. Die Lichtsinneszellen der Netzhaut wandeln die Lichtreize in elektrische Signale um. Der **Sehnerv** leitet diese Signale zum Gehirn weiter. Dort werden sie verarbeitet. Nun nehmen wir die Bilder wahr und sehen die Umgebung aufrecht und seitenrichtig wie wir es gewohnt sind. Gegenstände werden auf der Netzhaut seitenverkehrt und auf dem Kopf stehend abgebildet (▷ B 4), weil die Pupille wie das Loch einer Lochkamera wirkt (▶ S. 59).

Auf der Netzhaut gibt es zwei besondere Punkte: Die **Sehgrube** liegt genau gegenüber der Pupille. Fällt ein Lichtstrahl auf die Sehgrube, sehen wir einen Gegenstand besonders scharf. Der **blinde Fleck** enthält keine Lichtsinneszellen, deshalb entsteht dort kein Bild. An dieser Stelle setzt der Sehnerv an.

Mit zwei Augen sieht man besser

Unsere beiden Augen sind wie Spiegelbilder aufgebaut. Das gilt nicht nur für den äußeren Bau, sondern auch für den inneren. Deshalb liefert jedes Auge ein etwas anderes Bild von unserem Umfeld. Das ist wichtig für das **räumliche Sehen**. So können wir Entfernungen besser abschätzen und die Gegenstände genau ergreifen. Wir

können uns besser in unserer Umgebung zurecht finden und so auch Gefährdungen vermeiden. (▶ System, S. 152/153)

Unsere Augen haben viele natürliche Schutzeinrichtungen.
Lichtreize gelangen über Lichtsinneszellen als elektrische Signale zum Gehirn, wo dann ein Bild entsteht.

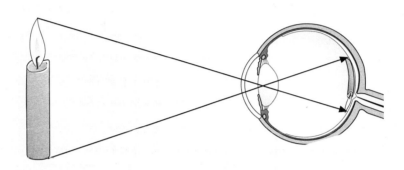

4 Ein Bild entsteht.

AUFGABEN

1　○　Notiere in einer Tabelle in der linken Spalte die natürlichen Schutzeinrichtungen der Augen, in der rechten eine kurze Erklärung ihrer Aufgabe.

2　○　Nenne die Bedeutung der Tränen.

3　◕　Erkläre die Ausrichtung der Haare in den Augenbrauen.

4　◕　Beschreibe den Weg des Lichts durch das Auge.

5　●　Erkläre, ob das Vergrößern und Verkleinern der Pupille auch eine Schutzeinrichtung ist.

6　●　Erläutere die Besonderheiten der Sehgrube und des Blinden Flecks auf der Netzhaut.

VERSUCH

1　Stelle ein leicht geöffnetes Buch so auf den Tisch, dass der Rücken zu dir zeigt. Schau das Buch abwechselnd nur mit dem rechten oder dem linken Auge an. Beschreibe deine Beobachtung und erkläre sie.

Leben ohne Licht

Mit deinen Augen nimmst du ständig Bilder aus deiner Umwelt auf. Das ist für dich selbstverständlich, meistens denkst du darüber nicht mehr nach.

Stell dir vor, du würdest nichts sehen. Wie könntest du dich dann in deiner Umgebung zurechtfinden?

1 Orientierung ohne Licht
Material
Tuch, Stock

Versuchsanleitung
a) Gehe mit verbundenen Augen den Weg von deinem Fachraum zu deinem Klassenzimmer (▷ B 1). Bitte eine Mitschülerin oder einen Mitschüler, dich zu begleiten. Lass dir die Richtung angeben, in die du gehen musst. Vermeide das Treppenhaus! An gefährlichen Stellen sichert dich dein Partner.

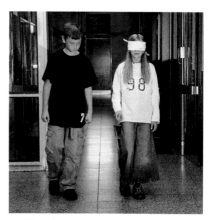

1 Blinde benötigen Hilfe.

b) Versuche anschließend, den Rückweg alleine zu finden. Benutze zur Orientierung den Stock (▷ B 2). Deine Mitschülerin oder dein Mitschüler warnt dich vor gefährlichen

Stellen. Wie kannst du den Stock einsetzen, um den Weg zu finden? An welchen Stellen hast du Schwierigkeiten bei der Orientierung? Beschreibe.

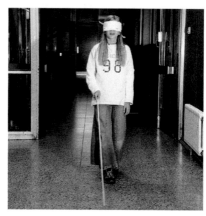

2 Stockeinsatz

2 Geld zählen
Material
Tuch, verschiedene Geldstücke (u. a. 1,38 € in Münzen)

Versuchsanleitung
a) Auf einem Tisch vor dir liegen verschiedene Geldstücke. Versuche, den Wert dieser Geldstücke mit verbundenen Augen zu ertasten.
b) Zähle anschließend einen Betrag von 1,38 € mit verbundenen Augen ab. Beschreibe, woran du die verschiedenen Münzen erkennen kannst.

3 Wasser umgießen
Material
Tuch, 2 Wassergläser, Wasser

Versuchsanleitung
Mit geöffneten Augen ist es einfach, Wasser von einem Glas in

ein anderes zu gießen. Schaffst du das auch mit verbundenen Augen (▷ B 3)? Probiere aus und finde heraus, welcher „Trick" dir dabei helfen kann.

3 Wasser umgießen

4 Gegenstände aufheben
Material
Tuch, verschiedene kleine Gegenstände (z. B. Schlüssel)

Versuchsanleitung
Eine Mitschülerin oder ein Mitschüler lässt einen Schlüssel zu Boden fallen. Hebe den Schlüssel mit verbundenen Augen auf. Wiederhole den Versuch mit anderen Gegenständen, z. B. mit einer Münze oder einem Blatt Papier. Welche Gegenstände hast du ohne Schwierigkeiten gefunden? Begründe.

Hilfsmittel für Blinde

A	B	C	D	E	F	G	H	I	J	K	L	M

N	O	P	Q	R	S	T	U	V	W	X	Y	Z

1 Das Alphabet in der Braille-Schrift

Fehlendes Augenlicht
Viele Menschen können ihre Umwelt nur eingeschränkt wahrnehmen. Wusstest du, dass in Deutschland mehr als 150 000 Menschen blind sind? Blinde Menschen haben gelernt, ihre anderen Sinne besonders gut zu nutzen: Viele blinde Menschen können sehr gut hören. Sie sind auch in der Lage, sehr feine Strukturen zu ertasten.

Leben in der Dunkelheit
Für blinde Menschen ist die Orientierung außerhalb der gewohnten Umgebung schwierig. Das wichtigste Hilfsmittel für sie ist der Langstock. Er heißt so, weil er vom Erdboden bis zur Brust reicht. Mit dem Langstock tastet ein Blinder den Bereich vor sich ab, wobei die Stockspitze immer am Boden bleibt. So sichert er seine nächsten Schritte.

Auch ein Blindenhund hilft seinem Besitzer bei der Orientierung. Blindenhunde werden sorgfältig ausgebildet und sind verlässliche Partner. Sie suchen selbstständig den Weg, erkennen Zebrastreifen, Eingänge an Häusern und freie Sitzplätze in Bussen. Dabei lassen sie sich auch von anderen Hunden nicht ablenken.

Mit den Fingern lesen
Blinde Menschen können eine Schrift lesen, die aus ertastbaren Punkten besteht (▷ B 1). Diese Schrift wurde im Jahr 1822 von dem Franzosen Louis Braille (1806 – 1852) erfunden. Nach ihm wird sie Braille-Schrift genannt. Heute benutzt man diese Schrift auf der ganzen Welt. Vielleicht hast du diese Schrift schon mal auf einer Medikamentenpackung gesehen.

AUFGABEN

1 ⊖ Stell dir vor, du sollst deinen Schulweg zurücklegen, ohne sehen zu können. Beschreibe die Schwierigkeiten, die du dabei hättest.

2 ● Finde heraus, welche Hilfsmittel es für blinde Menschen an Bahnhöfen, Flughäfen und öffentlichen Plätzen gibt. Beschreibe dann, wie sich Blinde dort orientieren können.

3 ● Stell dir vor, ein Blindenhund würde dich auf deinem Schulweg begleiten. Beschreibe den Schulweg aus der Sicht des Blindenhunds. Beachte dabei die besonderen Fähigkeiten, die er besitzt.

VERSUCH

1 Drücke mit einem stumpfen Stift spiegelverkehrt Wörter in der Braille-Schrift in ein Löschblatt. Ertaste dann die Erhebungen auf der Rückseite des Papiers.

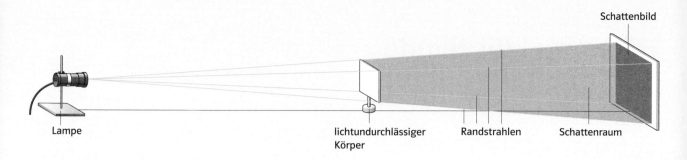

Schattenbild

Lampe   lichtundurchlässiger   Randstrahlen   Schattenraum
               Körper

1 So entsteht ein Schatten.

◎ Licht und Schatten

Ein Schatten entsteht
Wenn die Sonne in deinem Rücken scheint, siehst du deinen eigenen Schatten.
Mit einem einfachen Versuch kannst du nachstellen, wie dein Schatten entsteht:
Dazu stellst du eine Lampe vor eine helle Wand. Stellst du dich zwischen Lampe und Wand, erscheint dein Schatten an der Wand.

Warum entsteht ein Schatten?
Der Schatten entsteht, weil die Lichtstrahlen einen lichtundurchlässigen Körper nicht durchdringen können. Deshalb entsteht hinter dem Körper ein **Schattenraum**. Er wird von den **Randstrahlen** begrenzt

(▷ B 1). Das sind die Strahlen, die gerade noch an dem Körper vorbei bis zur Wand gelangen. Dort legen die Randstrahlen das **Schattenbild** fest.

Schatten kannst du verändern
Die Größe des Schattens hängt nicht nur von der Form des Gegenstands ab. Wenn du den Gegenstand zur Lichtquelle hin verschiebst, dann wird das Schattenbild größer. Schiebst du den Gegenstand näher zur Wand, wird der Schatten kleiner.

Schatten mit scharfem Rand
Um 1800 war es groß in Mode, Porträts von Menschen als Schattenbild herzustellen.

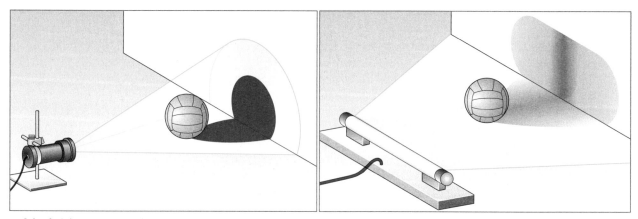

2 Scharfe Schattengrenzen durch eine punktförmige Lichtquelle   **3** Unscharfe Schattengrenzen durch eine Leuchtstoffröhre

Beim Zeichnen des Schatten-Porträts kommt es darauf an, einen scharf begrenzten Schatten zu erhalten. Das funktioniert mit einer **punktförmigen Lichtquelle** (▷ B 2). Beispiele sind die Lampen eines Tageslichtprojektors oder die Leuchtdioden in Autoscheinwerfern.

Wenn Schatten stören

Oft stören Schatten. In bestimmten Situationen sind Schatten sogar gefährlich. Vielleicht hast du schon einmal erlebt, dass du eine Treppe hinuntergehst und dein eigener schwarzer Schatten vor dir die Stufen verdeckt. Hier besteht Stolpergefahr. Auch beim Lesen oder Schreiben stören Schatten. Deshalb müssen in solchen Situationen Räume so beleuchtet werden, dass keine scharf abgegrenzten Schatten entstehen. Dazu verwendet man eine **flächenförmige Lichtquelle**, z. B. eine Leuchtstoffrohre (▷ B 3).

Ein Schattenraum entsteht, wenn eine Lichtquelle einen lichtundurchlässigen Körper beleuchtet.

Punktförmige Lichtquellen erzeugen scharfe Schattengrenzen. Flächenförmige Lichtquellen erzeugen unscharfe Schattengrenzen.

AUFGABEN

1 ○ Im Text kommen drei Begriffe vor, die du zur Beschreibung eines Schattens benötigst. Nenne sie.

2 ○ Wie erhältst du einen möglichst großen Schatten? Beschreibe.

3 ○ Vergleiche punktförmige und flächenförmige Lichtquellen. Nenne Beispiele, wo man sie benutzt. Falls du nicht weiter weißt: Lies noch einmal im Text nach.

4 ◒ a) Warum stören Schatten in Büros und Klassenräumen? Begründe.
◒ b) Wie kann man das verhindern? Beschreibe.

5 ● Lege ein Stück Kreide auf den Tageslichtprojektor und beobachte das Schattenbild an der Wand. Im Tageslichtprojektor befindet sich eine punktförmige Lichtquelle. Begründe, warum flächenförmige Lichtquellen nicht geeignet sind.

VERSUCH

1 Erstelle ein Schatten-Porträt: Befestige einen großen Bogen weißes Papier an der Wand. Beleuchte deine Mitschülerin oder deinen Mitschüler mit einer hellen Lichtquelle von der Seite. Zeichne die Umrisse des Schattenbilds mit einem Stift sorgfältig auf dem Papier nach. Dann kannst du das Papier von der Wand nehmen. Nun musst du nur noch die Fläche schwarz ausfüllen.

4 Einige bekannte Schattentiere

5 Schatten eines Schülers

6 Schatten-Porträt

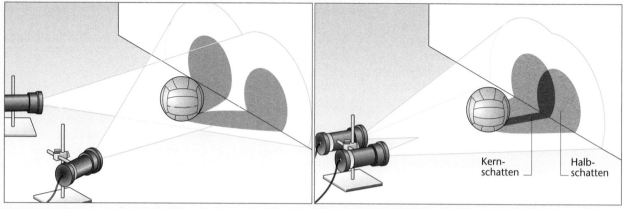

1 Schattenbildung bei zwei Lichtquellen

2 Zwei Schatten überlagern sich.

◉ Halbschatten und Kernschatten

Schatten bei mehreren Lichtquellen
Stellt man zwei Lichtquellen nebeneinander, die beide einen lichtundurchlässigen Körper bestrahlen, sieht man an der Wand zwei getrennte Schatten (▷ B 1). Zwischen den beiden Schatten ist es hell.
Bewegt man die beiden Lichtquellen voneinander weg, so entfernen sich auch die Schattenbilder voneinander.

Schatten überlagern sich
Stellt man die beiden Lichtquellen eng nebeneinander (▷ B 2), überlagern sich die beiden Schatten. Du kannst einen dunkleren Schatten erkennen und zwei hellere Schattenbereiche. In den dunkleren Bereich gelangt kein Licht von den beiden Lichtquellen. Man nennt diesen Bereich Kernschatten. Die beiden etwas helleren Schattenbereiche erhalten jeweils Licht von einer der beiden Lichtquellen. Diese Bereiche nennt man Halbschatten. Alle anderen Bereiche sind hell: Sie werden vom Licht beider Lichtquellen erreicht.

AUFGABEN

1 ○ Erkläre, wie die Schatten in Bild 1 und 2 entstehen.

2 ● Kann man mit zwei Lichtquellen und einem Gegenstand nur einen einzigen Schatten an der Wand erzeugen? Begründe deine Antwort. Erstelle eine Skizze ähnlich zu Bild 3.

3 ● Drei punktförmige Lichtquellen beleuchten einen Körper. Skizziere die Randstrahlen wie in Bild 3 und beschreibe, welche Schattenbilder entstehen. Benutze unterschiedliche Abstände zwischen den Lichtquellen und zwischen Lichtquellen und Körper.

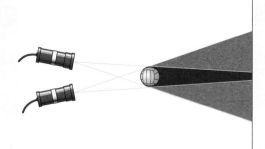

3 Halbschatten und Kernschatten von oben

Zeitmessung mit der Sonnenuhr

1 Blumentopf als Sonnenuhr

2 Sonnenuhr im Schulhof

3 Die Fensterbank als Sonnenuhr

1 Die Sonnenuhr – mal klein ...
Material
Blumentopf, Sand, helle Pappe, Holzstab, Stift

Versuchsanleitung
Schneide aus der Pappe eine kreisförmige Scheibe aus, die den gleichen Durchmesser hat wie der Topf. Fülle den Topf mit Sand. Stecke den Holzstab mitten durch die Pappscheibe. Stelle ihn dann in den Topf.
Stelle nun den Topf an einen sonnigen Ort. Markiere nach jeder vollen Stunde mit einem Stift die Position des Schattens auf der Pappe (▷ B 1).
Nun kannst du an Sonnentagen die Zeit ablesen. Du darfst aber den Standort deiner Sonnenuhr nicht verändern.

2 ... mal groß ...
Material
Kreide oder Farbe und Pinsel, ca. 1 m bis 2 m langer Holzstab (z. B. Besenstiel)

Versuchsanleitung
Stellt den Holzstab an einem geeigneten sonnigen Platz auf eurem Schulgelände auf. Markiert zu jeder vollen Stunde die Position des Schattens mit einem Farbpunkt und mit der Uhrzeit (▷ B 2).

4 Eine Sonnenuhr als Armbanduhr?

3 ... mal ganz einfach
Material
Ein dünner Streifen aus schwarzer Pappe, ein großer Bogen helle Pappe oder Papier, durchsichtiger Klebefilm, Stift

Versuchsanleitung
Klebe den schwarzen Streifen auf eine Fensterscheibe, auf die die Sonne scheint. Auf die Fensterbank klebst du den Bogen Pappe oder Papier. Markiere nun nach jeder Stunde die Position des Schattens und schreibe daran die Uhrzeit (▷ B 3).

AUFGABEN

1 ◒ Egal, welche der drei Sonnenuhren du gebaut hast: Kontrolliere die Genauigkeit der Sonnenuhr über einen Zeitraum von mehreren Wochen oder Monaten.

2 ● Nimm Stellung zu Bild 4.

Der Mond sieht nicht immer gleich aus. Wir sehen den Mond in verschiedenen **Mondphasen**.

abnehmender Mond

zunehmender Mond

Zwischen Vollmond und Neumond sieht man oft eine Sichel. An der Lage der Sichel kannst du selbst feststellen, ob der Mond in den nächsten Tagen zunimmt oder abnimmt.

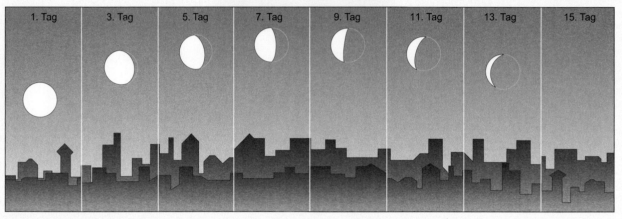

| 1. Tag | 3. Tag | 5. Tag | 7. Tag | 9. Tag | 11. Tag | 13. Tag | 15. Tag |

Einmal im Monat sehen wir den **Vollmond**. Dabei ist die von der Sonne beleuchtete Seite des Mondes der Erde zugewandt.

Tag für Tag wird der sichtbare Teil des Mondes immer kleiner. Wir sehen nur noch einen Teil der beleuchteten Oberfläche.

Bei **Neumond** ist der Mond von der Erde aus gar nicht zu sehen.

1 Vom Vollmond zum Neumond

◉ Der Mond – Begleiter im Wandel

Der Mond umkreist die Erde. Eine Umrundung dauert ungefähr einen Monat. In der gleichen Zeit dreht sich der Mond einmal um seine Achse. Deshalb sehen wir immer dieselbe Seite des Mondes. Doch der Mond sieht von der Erde aus nicht immer gleich aus (▷ B1).

Durch die Drehung des Mondes um die Erde entstehen die Mondphasen. Bei Vollmond ist die Seite des Mondes, die von der Sonne bestrahlt wird, der Erde zugewandt.

AUFGABEN

1 ○ Beschreibe, wie Vollmond und Neumond entstehen.

2 ◔ Beobachte einen Monat lang im Abstand von drei Tagen den Mond. Skizziere jeweils, welchen Teil des Mondes du sehen kannst. Notiere zu jeder Skizze das Datum.

3 ● Fertige ein Modell an, mit dem du die Mondphasen nachahmen kannst. Führe das Ergebnis in der Klasse vor. Tipp: Als Sonne kannst du beispielsweise eine Taschenlampe benutzen.

◉ Schatten aus dem All

Wie kommt es zu einer Sonnenfinsternis?
Wenn der Mond sich zwischen Erde und Sonne befindet, kann es geschehen, dass er von der Erde aus „vor der Sonne" steht. Der Mond wirft dann seinen Schatten auf die Erde.

Wie kommt es zu einer Mondfinsternis?
Eine Mondfinsternis entsteht, wenn der Mond sich durch den Schatten der Erde bewegt.

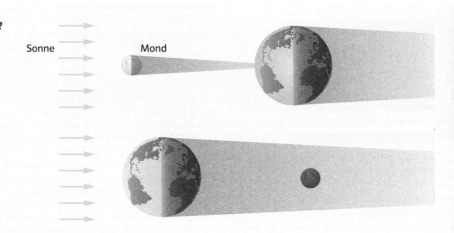

Sonne

Mond

1 Sonnenfinsternis und Mondfinsternis

Die Sonnenfinsternis von 1999
Am 11. August 1999 konnten Millionen Menschen in Deutschland eine totale Sonnenfinsternis beobachten (▷ B 2). Man konnte beobachten, wie sich langsam eine schwarze Scheibe vor die Sonne schob. Nach einiger Zeit wurde die Sonne total von der schwarzen Scheibe verdeckt. Ein heller Strahlenkranz wurde plötzlich erkennbar. Nach etwa zwei Minuten war das Naturschauspiel vorbei. Nach und nach wurde die Sonne wieder sichtbar. Eine Sonnenfinsternis ist sehr selten in Deutschland. Bei einer Sonnenfinsternis steht der Mond zwischen Sonne und Erde (▷ B 1).

Mondfinsternisse
Häufiger können wir in Deutschland eine Mondfinsternis beobachten: Dann verdunkelt der Schatten der Erde den Mond (▷ B 1). Bei einer Mondfinsternis steht die Erde zwischen Sonne und Mond.
(▶ System, S. 152/153)

Bei einer Sonnenfinsternis fällt der Schatten des Mondes auf die Erde. Bei einer Mondfinsternis befindet sich der Mond im Schatten der Erde.

2 Sonnenfinsternis

AUFGABEN

1 ○ a) Beschreibe, wie eine Sonnenfinsternis entsteht.
○ b) Beschreibe den Unterschied zu einer Mondfinsternis.

2 ◔ Baue eine Mondfinsternis mithilfe einer Taschenlampe (Sonne), einer großen Kugel (Erde) und einer kleinen Kugel (Mond) nach.

3 ● Begründe, warum man eine Sonnenfinsternis immer nur von einigen Gebieten der Erde aus sehen kann.

1 Helle Flächen werfen das Licht gut zurück, dunkle Flächen (Dächer und dunkel bemalte Fenster) verschlucken das Licht.

2 Häuser in Südeuropa

◉ Reflexion und Absorption

Licht wird reflektiert

Wir sehen Körper, wenn sie selbst leuchten. Wir sehen Körper aber auch dann, wenn sie das Licht anderer Lichtquellen in unsere Augen zurückwerfen. Das geschieht beispielsweise nachts, wenn Gebäude angestrahlt werden (▷ B 1).
Wirft ein Körper Licht zurück, spricht man von **Reflexion**. Besonders gut wird das Licht von glatten Spiegeloberflächen **reflektiert**.

Licht wird absorbiert

Du kannst in Bild 1 erkennen, dass einige Flächen das Licht gut reflektieren. Die dunklen Flächen verschlucken jedoch das auftreffende Licht.
Wie viel Licht reflektiert wird, hängt von der Oberfläche ab, auf die das Licht trifft: Glatte und helle Oberflächen reflektieren Lichtstrahlen besser als matte und dunkle Oberflächen. Dunkle Flächen nehmen das Licht auf, sie **absorbieren** das Licht. Man spricht von **Absorption**.
(► Struktur der Materie, S.154/155)
(► Wechselwirkung, S.158/159)

Die Oberflächen von Körpern können Licht reflektieren und absorbieren.

Helle Flächen reflektieren Licht besser als dunkle Flächen. Dunkle Flächen absorbieren Licht.

AUFGABEN

1 ○ Nenne Oberflächen, die das Licht besonders gut reflektieren.

2 ◒ Richte das Licht einer Taschenlampe in einem abgedunkelten Raum nacheinander auf ein weißes Blatt, ein schwarzes Blatt, eine matte Plastikfolie und ein Stück Alufolie. Begründe, was du beobachten kannst.

3 ● a) Wenn du einmal die Ferien auf einer Insel im Mittelmeer verbringst, wirst du feststellen, dass viele Gebäude weiß gestrichen sind (▷ B 2). Erkläre den Zusammenhang.
● b) Nenne Länder oder Gegenden, in denen es sinnvoll wäre, die Häuser möglichst dunkel anzustreichen. Begründe deine Auswahl.

Mit kleinen Kärtchen zum großen Erfolg

Viele benutzen Karteikarten, um Vokabeln zu lernen. Du kannst Karteikarten aber auch einsetzen, um Fachbegriffe und Merksätze zu lernen.

Deine Lernkartei

Wenn du ein bestimmtes Stoffgebiet wiederholen willst, gibt es verschiedene Möglichkeiten: Du liest dir beispielsweise das Kapitel im Buch durch. Vielleicht reicht es auch, nur die Merksätze zu lesen oder abzuschreiben.

Eine andere Möglichkeit ist, wichtige Begriffe auf eine Karteikarte zu schreiben. Auf der Rückseite der Karte notierst du die zugehörige Erklärung oder einen Merksatz.

Allein lernen

Wenn du allein lernen willst, brauchst du einen Karteikasten mit fünf Fächern. Zuerst kommen alle Kärtchen in das vorderste Fach. Du nimmst eine Karte. Wenn du die Erklärung auf der Rückseite richtig weißt, kommt die Karte in das zweite Fach. Karten, die du nicht lösen kannst, bleiben im ersten Fach. Tag für Tag rutschen so die Kärtchen weiter, bis alle im letzten Fach sind. Dann hast du alle Begriffe gelernt.

Zu zweit lernen

Ihr könnt mit Karteikärtchen auch zu zweit lernen. Dazu teilt ihr die Karten untereinander auf. Dann fragt ihr euch gegenseitig ab. Dabei könnt ihr dem anderen entweder den Begriff von der Vorderseite oder die Erklärung von der Rückseite nennen. **1**

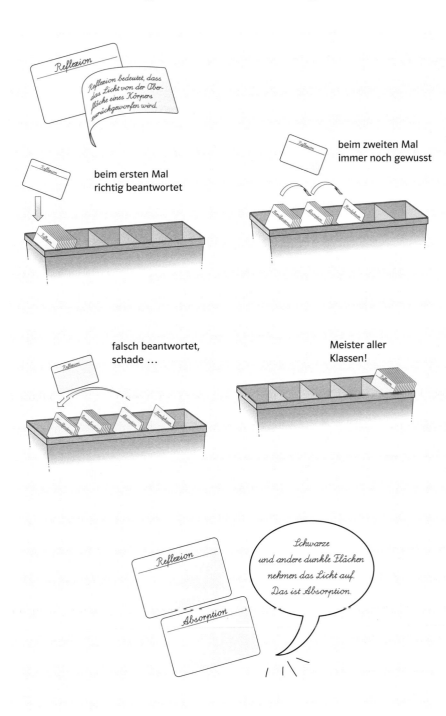

Reflexion

Reflexion bedeutet, dass das Licht von der Oberfläche eines Körpers zurückgeworfen wird.

beim ersten Mal richtig beantwortet

beim zweiten Mal immer noch gewusst

falsch beantwortet, schade …

Meister aller Klassen!

Reflexion

Absorption

Schwarze und andere dunkle Flächen nehmen das Licht auf. Das ist Absorption.

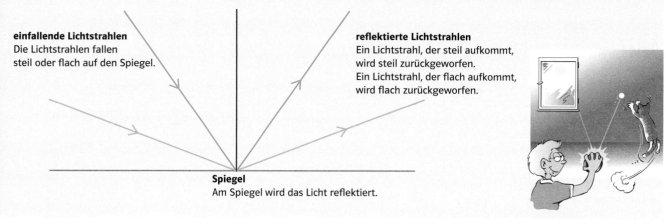

einfallende Lichtstrahlen
Die Lichtstrahlen fallen
steil oder flach auf den Spiegel.

reflektierte Lichtstrahlen
Ein Lichtstrahl, der steil aufkommt,
wird steil zurückgeworfen.
Ein Lichtstrahl, der flach aufkommt,
wird flach zurückgeworfen.

Spiegel
Am Spiegel wird das Licht reflektiert.

1 Reflexion von Lichtstrahlen am Spiegel; das Lot ist rot eingezeichnet.

2

Die Reflexion am Spiegel

Licht wird gespiegelt

Mit einem Spiegel kann man Lichtstrahlen
umlenken. In Versuch 1 kannst du das
ausprobieren.
Ein Spiegel besitzt eine glatte und glän-
zende Oberfläche. Ein Spiegel wirft daher
das Licht zurück. Man sagt: Das Licht wird
reflektiert. Diese so genannte **Reflexion**
von Licht tritt an glatten Oberflächen (z. B.
Glas, Wasser, Metall) auf.

Die Reflexion von Licht

Nun soll untersucht werden, in welche
Richtung ein Lichtstrahl reflektiert wird.
Die Lichtstrahlen am Spiegel bilden ein „V"
(▷ B 1). Dieses „V" kann schmal oder breit
sein. Das hängt davon ab, wie flach oder
steil das Licht auf den Spiegel trifft. Die
Senkrechte, die das „V" genau in der Mitte
teilt, bezeichnet man als Lot.

Ein Lichtstrahl wird an einem Spiegel
reflektiert. Der Lichtstrahl wird genauso
flach oder steil zurückgeworfen, wie er
aufkommt.

AUFGABEN

1 ○ Beschreibe, wie du einen Lichtstrahl
umlenken kannst (▷ B 2).

2 ○ Beschreibe, wie ein Lichtstrahl am
Spiegel reflektiert wird.

3 ◒ Schaue dir noch einmal Bild 1 an.
Was passiert, wenn man die einfallenden und die reflektierten Lichtstrahlen
vertauscht? Beschreibe.

4 ● Yvonne behauptet, dass einfallende
und reflektierte Lichtstrahlen nicht
immer ein „V" bilden müssen. Nimm
Stellung zu Yvonnes Aussage.

VERSUCH

1 a) Markiere einen Punkt an der Wand
und dunkle den Raum ab. Erzeuge mit
einer Taschenlampe ein schmales Lichtbündel. Versuche nun, das Lichtbündel
mit einem Spiegel auf den Punkt zu
lenken.
b) Verändere die Position der Taschenlampe und wiederhole den Versuch.

Ein Gesetz für die Reflexion des Lichts

Wenn Licht auf einen Spiegel trifft, dann wird es reflektiert. Die Gesetzmäßigkeiten für diese Reflexion kannst du mit Versuch 1 selbst herausfinden.

Das Reflexionsgesetz

In Bild 1 siehst du zwei Winkel. Der **Einfallswinkel** (grün) ist der Winkel, in dem der Lichtstrahl auf den Spiegel trifft. Der **Reflexionswinkel** (rot) ist der Winkel, in dem der Lichtstrahl am Spiegel reflektiert wird. In Bild 1 kannst du erkennen: Der Reflexionswinkel ist genauso groß wie der Einfallswinkel. Dabei spielt es keine Rolle, von welcher Seite das Licht kommt.

Das Lot

Das **Lot** ist eine gedachte Hilfslinie. Das Lot steht senkrecht auf der Spiegeloberfläche. Es endet im Knick des „V". Auf der einen Seite des Lots befindet sich der Einfallswinkel. Auf der anderen Seite des Lots findet man den Reflexionswinkel.

Bei der Reflexion sind der Einfallswinkel und der Reflexionswinkel immer gleich groß.

AUFGABEN

1 ○ Gib das Reflexionsgesetz in eigenen Worten wieder.

2 ○ Beschreibe die folgenden Begriffe.
a) Einfallswinkel
b) reflektierter Lichtstrahl
c) Lot

3 ◗ Beschreibe Bild 1 mit eigenen Worten.

VERSUCH

1 a) Baue den Versuch wie in Bild 2 auf.
b) Markiere mit dem Bleistift auf dem Papier den Weg des einfallenden Lichtstrahls und dann den Weg des reflektierten Lichtstrahls.
c) Miss den Winkel zwischen dem einfallenden Lichtstrahl und dem Lot. Miss anschließend den Winkel zwischen dem Lot und dem reflektierten Lichtstrahl. Schreibe die Werte beider Winkel auf.
d) Wiederhole die Experimentierschritte b und c für zwei andere Einfallswinkel.
e) Formuliere ein Ergebnis aus deinen Beobachtungen.

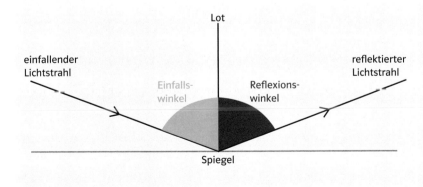

1 Einfallswinkel und Reflexionswinkel

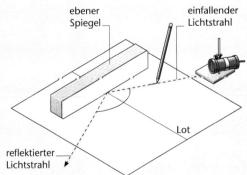

2 Zu Versuch 1

Sicherheit im Straßenverkehr

1 Kleidung mit Reflexionsfolien

Reflektoren

Die reflektierenden Katzenaugen sind das Vorbild für technische **Reflektoren** (Rückstrahler) wie in Bild 3. Solche Rückstrahler sind für alle Fahrzeuge vorgeschrieben. Reflektoren bestehen aus sehr vielen kleinen Spiegeln, die so angeordnet sind, dass sie die einfallenden Lichtstrahlen in die Richtung reflektieren, aus der sie ursprünglich gekommen sind. So kann man Reflektoren in der Dunkelheit auch aus großer Entfernung deutlich erkennen.

Sicherheit wird groß geschrieben

Wie bei den Schülerinnen in Bild 1 sind auch an der Kleidung z. B. von Feuerwehrleuten, Polizisten, Rettungsassistenten und Straßenbauarbeitern spezielle Reflexionsfolien angebracht. Die Folien enthalten Millionen besonderer Kristalle, die das einfallende Licht reflektieren. In der Dunkelheit sind diese Personen im Scheinwerferlicht deutlich zu erkennen und dadurch besser geschützt (▷ V 1).
Reflektoren befinden sich auch an den Verkehrsleitpfosten längs des Straßenrands (▷ B 4). Für Autofahrer ist der Straßenverlauf dadurch in der Nacht gut zu erkennen. Auch Verkehrszeichen müssen in der Dunkelheit gut zu sehen sein (▷ B 6). Ihre Oberfläche ist mit vielen winzigen Glaskügelchen bedeckt, die das Licht reflektieren.

Bestimmt hast du in einer dunklen Nacht schon einmal beobachtet, dass die Augen von Katzen, Hasen oder anderen Tieren anscheinend „leuchten" können (▷ B 2). Die physikalische Begründung für dieses Phänomen ist ganz einfach: Wenn Lichtstrahlen in die Augen dieser Tiere einfallen, dann werden diese Lichtstrahlen von einer Schicht kleinster Kristalle innerhalb der Augen der Tiere reflektiert.

2 Katzenaugen

3 Reflektor (Rückstrahler)

4 Verkehrsleitpfosten mit Reflektoren

Schlussleuchte mit Rückstrahler

Großflächen-rückstrahler

Halogen-scheinwerfer

weißer Frontrückstrahler

Rück-strahler

gelbe Seiten-rückstrahler

5 Reflektoren und Lichtquellen am Fahrrad

Das verkehrssichere Fahrrad

Auch an deinem Fahrrad sind Reflektoren wichtig: An mehreren Stellen am Fahrrad mussen Reflektoren angebracht sein, die auftreffendes Licht reflektieren und dadurch Schutz in der Dunkelheit bieten (▷ B 5). Außerdem muss das Licht an deinem Fahrrad funktionieren. Denn gerade für Fahrradfahrer gilt: „Sehen und gesehen werden!"
(► Wechselwirkung, S.158/159)

Reflektoren (Rückstrahler) sorgen für Sicherheit bei schlechten Sichtverhältnissen. Sie reflektieren einfallendes Licht in die Richtung, aus der es gekommen ist.

6 Reflektierendes Straßenschild

1 ○ Manche Kleidungsstücke sind mit Reflexionsfolien beschichtet. Nenne vier Berufe, bei denen diese Kleidung verwendet wird.

2 ○ Beschreibe den Zweck von Reflektoren (Rückstrahlern).

3 ○ Beschreibe den Aufbau von Reflektoren (Rückstrahlern).

4 ◐ Nenne und beschreibe die Teile der Lichtanlage eines verkehrssicheren Fahrrads.

5 ● Justin hat sein Fahrrad schon lange nicht mehr geputzt. Sein Vater sieht das völlig verdreckte Fahrrad und behauptet, dass es nicht mehr verkehrssicher sei. Justin muss deshalb das Fahrrad gründlich putzen, auch wenn er überhaupt nicht versteht, warum sich sein Vater so sehr aufregt. Hat Justins Vater Recht? Begründe deine Meinung.

1 Wie gut du mit deiner Kleidung bei Dunkelheit gesehen wirst, kannst du selbst leicht herausfinden. Lasse von dir in einem abgedunkelten Raum eine Blitzlichtaufnahme machen. Auf dem Bild kannst du das Reflexionsvermögen deiner Kleidung sehen.

2 Mache von deinem Fahrrad in einem abgedunkelten Raum mehrere Blitzlichtaufnahmen. Auf den Fotos kannst du die Wirkungsweise der verschiedenen Reflektoren genau erkennen.

Wie entstehen Spiegelbilder?

Die Lichtstrahlen scheinen von einer Kerze herzukommen, die hinter dem Spiegel steht. Hinter dem Spiegel steht aber keine Kerze. Wir werden getäuscht. Das Spiegelbild wird daher als **virtuelles Bild** bezeichnet.

Die reflektierten Lichtstrahlen fallen in unsere Augen. Unser Gehirn verlängert den Strahlengang, weil es den Ursprung der Strahlen feststellen möchte.

Von der Kerze gehen Lichtstrahlen aus.

Am Spiegel werden die Lichtstrahlen reflektiert.

1 Ein Spiegel kann täuschen.

2 Wie ein Spiegelbild entsteht

Täuschung durch Spiegelbilder

Bestimmt hast du schon einmal gesehen, wie ein kleines Baby völlig verwundert vor einem großen Spiegel steht (▷ B1). Es glaubt, ein anderes Kind vor sich zu haben und versucht, das andere Kind anzufassen. Überrascht wird das Baby jedoch feststellen, dass sich hinter dem Spiegel kein anderes Kind befindet. Du weißt, dass dort niemand ist. Der Spiegel täuscht uns.

Entstehung von Spiegelbildern

Spiegelbilder entstehen, weil das Licht an Spiegeln reflektiert wird. Bild 2 zeigt, wie das Spiegelbild einer Kerze entsteht. Die Entstehung von Spiegelbildern wird in Bild 2 zur Vereinfachung nur mit zwei Lichtstrahlen erklärt. Natürlich gibt es die Reflexion auch für alle anderen Punkte der Kerze, von denen Lichtstrahlen über den Spiegel in unsere Augen gelangen können.

AUFGABEN

1 ⊖ Erkläre, wie das Baby in Bild 1 von seinem Spiegelbild getäuscht wird.

2 ⊖ Zeichne Bild 2 ab. Ergänze dann die Zeichnung um einen Lichtstrahl, der von der Mitte der Kerze ausgeht.

3 ● Zwei gleiche Kerzen befinden sich vor und hinter einer spiegelnden Glasscheibe. Wohin musst du die hintere Kerze schieben, damit das Spiegelbild der Flamme auf sie fällt? Begründe.

VERSUCH

1 Stell dich vor einen großen Spiegel und betrachte dein Spiegelbild. Hebe deinen linken Arm. Beschreibe, wie dein Spiegelbild reagiert.

Gefährliches Licht

Hauttyp 1	Hauttyp 2	Hauttyp 3	Hauttyp 4
Sehr helle Haut, blonde oder rötliche Haare, blaue oder grüne Augen, häufig Sommersprossen. Immer Sonnenbrand, niemals Bräunung. Eigenschutzzeit höchstens 10 Minuten.	Helle Haut, blonde Haare, blaue oder grüne Augen. Immer Sonnenbrand, schwache Bräunung. Eigenschutzzeit höchstens 20 Minuten.	Dunkelblonde oder dunkle Haare, braune Augen. Leichter Sonnenbrand, gute Bräunung. Eigenschutzzeit höchstens 30 Minuten.	Von Natur aus dunkle Haut, dunkle oder schwarze Haare, braune Augen. Nie Sonnenbrand, immer Bräunung. Eigenschutzzeit höchstens 45 Minuten.

1 Zu welchem Hauttyp gehörst du?

Gefahren durch das Licht
Es ist gefährlich, ohne Augenschutz in die Sonne zu sehen. Die Augenlinse bündelt das Licht der Sonne auf der Netzhaut. Dadurch kann die Netzhaut dauerhaft geschädigt werden.

Gefahren durch die ultraviolette Strahlung
Das Sonnenlicht enthält auch unsichtbare Strahlung. Hierzu gehört die **ultraviolette Strahlung** (UV-Strahlung). Helle Flächen wie Schneedecken können die UV-Strahlung verstärkt in das Auge reflektieren. Wenn man nicht durch eine Sonnenbrille geschützt ist, dann gelangt zu viel UV-Strahlung ins Auge. Als Folge kann Schneeblindheit auftreten: Dies ist eine schmerzhafte Verletzung der Hornhaut des Auges.

Zu viel UV-Strahlung auf unserer Haut schädigt die Hautzellen. Ein Sonnenbrand ist die schmerzhafte Folge. In schlimmen Fällen werden die Hautzellen so stark geschädigt, dass bösartiger Hautkrebs auftritt. Ein Hautarzt berät dich über Veränderungen der Haut, die auf eine solche Erkrankung hindeuten können.

Bei einem längeren Aufenthalt in der Sonne musst du dich daher vor der UV-Strahlung schützen. Das kann durch lichtundurchlässige Kleidung oder durch ein Sonnenschutzmittel geschehen. Wie lange du dich ungeschützt in der Sonne aufhalten darfst, hängt von deinem Hauttyp ab (▷ B 1).

Licht kann gefährlich sein. Vor der UV-Strahlung müssen wir uns schützen.

AUFGABEN

1 ○ Beschreibe die Folgen, die die ultraviolette Strahlung für deine Augen und deinen Körper haben kann.

2 ◐ Finde heraus, was der „Lichtschutzfaktor" bei einem Sonnenschutzmittel bedeutet.

3 ● Wenn du eine Sonnenbrille mit einem schlechten UV-Schutz aufsetzt, können deine Augen stark geschädigt werden: Der Schaden kann sogar größer sein als ohne Sonnenbrille. Recherchiere die Gründe dafür.

Optische Täuschungen

1 Die durchgehende Linie ist Illusion

Das Gehirn vergleicht die Bilder, die uns unsere Augen liefern mit unseren Erfahrungen. Widersprechen sie einander, kommt es zu optischen Täuschungen.

Verzwickte Spirale
In Bild 1 kannst du eine Spirale sehen. Scheinbar läuft eine durchgezogene Line spiralförmig von außen nach innen. Betrachtest du die Spirale aber etwas genauer, dann stellst du fest, dass gar keine durchgehende Linie vorhanden ist. Stattdessen besteht das ganze Bild aus einer Vielzahl kurzer Linien mit jeweils kleinen Dreiecken an den Enden.

Größenunterschiede
Welcher der inneren Kreise in Bild 2 ist der größere? Auf den ersten Blick ist es der rechte Kreis. Wenn du allerdings mit einem Lineal nachmisst, dann stellst du fest, dass beide Kreise gleich groß sind.
Bei der Beurteilung von Größenverhältnissen durch das Gehirn spielt immer auch die Umgebung eine Rolle.

Fläche? Welche Fläche?
In Bild 3 siehst du ein Quadrat. Doch zeichnerisch ist die Fläche gar nicht vorhanden. Du erkennst daran, dass Sehen ein aktiver

Der Schein trügt!
Manchmal sehen wir Dinge anders, als sie in Wirklichkeit sind. Die Grenzen unseres Gehirns bei der Informationsverarbeitung und „Auswertung" von Bildern wird uns bei optischen Täuschungen bewusst. So sehen wir beispielsweise eine Linie, die nicht existiert (▷ B1).

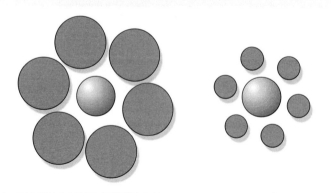

2 Welcher Kreis ist größer?

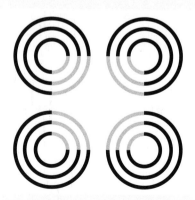

3 Hier scheint ein Quadrat gezeichnet zu sein.

4 Waterfall

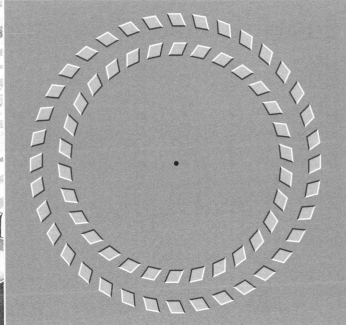

5 Bewegungsillusion

Vorgang ist. Das Gehirn deutet die Bilder, die die Augen liefern. Dabei werden fehlende oder unvollständige Teile des Bilds einfach so ergänzt, wie es aufgrund der Erfahrung am wahrscheinlichsten ist.

Die Welten des M. C. Escher
Der holländische Maler M. C. Escher (1898–1972) hat viele unmögliche Körper gemalt. Mit unterschiedlichen Perspektiven in ein und demselben Bild erreichte er die Illusion dreidimensionaler Körper, die aber niemals existieren können. Ein bekanntes Bild ist der Wasserfall in Bild 4. Dargestellt ist ein Perpetuum Mobile. Ein Perpetuum Mobile ist ein Maschine, die ohne Energiezufuhr von außen Arbeit verrichten kann. Das ist leider unmöglich.

Und sie bewegen sich doch!
Schaue auf den schwarzen Punkt in Bild 5 und bewege dabei den Kopf vor und zurück. Scheinbar bewegen sich die beiden Kreise gegeneinander.

AUFGABEN

1 ○ Beschreibe, wie, trotz gesunder Augen, optische Täuschungen entstehen.

2 ◗ Zeichne mit dem Zirkel zwei gleich große Kreise auf ein weißes Blatt Papier. Der eine bekommt einen schmalen kreisförmigen Rand, der andere einen breiten. Lass deine Mitschüler schätzen, welcher Innenkreis der größere ist.

3 ◗ a) Ein „Daumenkino" ist auch eine optische Täuschung. Du kannst es leicht selbst herstellen. Fertige ein eigenes „Daumenkino" an. Ideen findest du auch im Internet.
● b) Erläutere, wie ein „Daumenkino" funktioniert. (Recherchiere den Begriff, wenn er dir unbekannt ist.)

4 ● Auch ein Film ist eigentlich eine optische Täuschung Recherchiere und beschreibe, wie ein Kino-Film entsteht.

5 ● Recherchiere und beschreibe die Barber-Pole-Illusion.

Musikinstrumente selbst gebaut

Wir gründen eine Band
Die folgenden Musikinstrumente kannst du selbst mit einfachen Mitteln nachbauen.
Wenn deine Klassenkameraden auch Instrumente bauen, könnt ihr sie vielleicht sogar im Musikunterricht benutzen.

1 Bongos
Material
3 oder mehr unterschiedlich lange stabile Pappröhren (oder auch alte runde Kaffee- oder Plätzchendosen), mehrere Bögen „Elefantenhaut" (das ist eine besondere Papiersorte, die man im Bastel- oder Schreibwarengeschäft bekommt), Schnur, Kordel oder ein stabiler Bindfaden

1 Bongos

Bauanleitung
Du legst die Elefantenhaut kurz in lauwarmes Wasser. Dann wringst du sie vorsichtig aus. Nun kannst du die Öffnungen der Röhren mit der Elefantenhaut bespannen. Die Haut musst du mit einer Kordel befestigen. Je 2 bis 4 Trommeln kannst du nun zusammenbinden.

2 Zupfkiste
Material
Eine hölzerne Kiste (z. B. eine Zigarrenkiste) oder ein stabiler Pappkarton, unterschiedlich dicke Drähte, Gummibänder, Nylonschnur, Schere

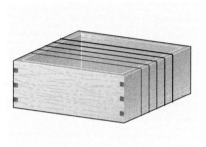

2 Zupfkiste

Bauanleitung
Spanne über die Holzkiste unterschiedlich dicke Drähte, Gummibänder und Nylonschnüre und befestige sie sorgfältig.
Durch Anzupfen kannst du Töne erzeugen.

3 Bass
Material
Ein etwa 1 m langes Vierkantholz oder ein Besenstiel, dünner Draht oder eine Nylonschnur, eine größere Konservendose oder ein Eimer aus Metall oder Plastik

Bauanleitung
Über das Vierkantholz spannst du der Länge nach einen Draht so, dass die Konservendose oder der Eimer zwischen Holz und Draht eingeklemmt ist. Der Ton entsteht, wenn du den Draht anzupfst.

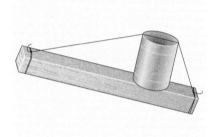

3 Bass

4 Gartenschlauchtrompete
Material
Etwa 1 m von einem alten Gartenschlauch, ein Trichter

Bauanleitung
Baue die Schlauchtrompete, wie im Bild zu sehen. Blase, wie bei einer Trompete, in das Schlauchende, um Töne zu erzeugen.

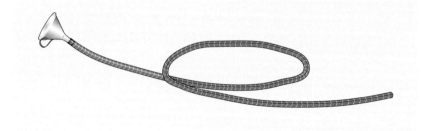

4 Gartenschlauchtrompete

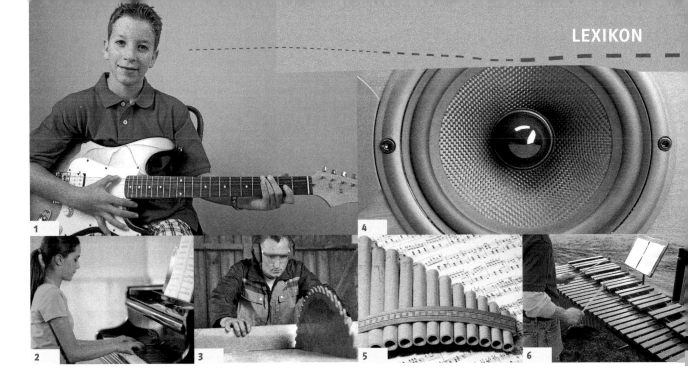

Schallquellen

Gitarre (▷ B 1)
Die Gitarre ist ein Saiteninstrument. Die Saiten werden mit den Fingern oder einem Plektrum angezupft oder „geschlagen". Die Saiten schwingen und erzeugen so ihre Töne. Die meisten Gitarren besitzen sechs Saiten verschiedener Dicke. Die oberen, dickeren Saiten erzeugen einen tieferen Ton als die unteren, dünnen Saiten.

Klavier (▷ B 2)
Beim Klavier fallen die schwarzweißen Tasten zuerst auf. Mithilfe dieser Tasten erzeugt der Musiker die Töne. Doch ein Blick ins Innere des Klaviers zeigt, dass die Töne auch hier eigentlich von schwingenden Saiten erzeugt werden. Die Saiten sind unterschiedlich lang und werden nicht durch die Hand angezupft, sondern durch Holzhämmerchen angeschlagen. Die Tasten steuern diese Hämmerchen.

Kreissäge (▷ B 3)
Eine Kreissäge zählt, wie die meisten Baumaschinen, zu den unangenehmen Schallquellen. Die schnelle Drehung des Sägeblatts erzeugt ein schrilles lautes Geräusch. Dieses Geräusch ist so laut und unangenehm, dass es das Gehör belasten und sogar schädigen kann. Deswegen sollte die Person einen Gehörschutz tragen.

Lautsprecher (▷ B 4)
Lautsprecher sind aus dem modernen Haushalt nicht mehr wegzudenken. Lautsprecher gibt es in Handys, Kopfhörern und in den Musikanlagen. Die elektrischen Signale steuern eine Platte im Lautsprecher. Diese Platte wird Membran genannt. Die Bewegung der Platte wird an die Luft weitergegeben und kommt in Form von Schall verschiedener Art an unsere Ohren.

Panflöte (▷ B 5)
Panflöten sind sehr alte Musikinstrumente, die durch das Anblasen mit den Lippen eher ruhige Töne erzeugen. Der Luftstrom regt die Luftsäule im Flötenrohr zum Schwingen an. Die unterschiedlich langen Flöten erzeugen die verschiedenen Töne. Eine kurze Flöte erzeugt einen höheren Ton als eine lange Flöte. Orgel und Panflöte sind ähnlich aufgebaut.

Xylophon (▷ B 6)
Das Xylophon zählt zu den Schlaginstrumenten. Wenn das Holzplättchen mit dem Schlegel angeschlagen wird, schwingt es und erzeugt so einen Ton. Hält man das Plättchen aber fest, kann es nicht frei schwingen und es entsteht ein unangenehmes Geräusch. Wie bei der Panflöte ist die Größe der Plättchen für die Tonhöhe verantwortlich.

Schwingungen machen Töne

Das Gehör ist ein wichtiges Sinnesorgan. Es fängt den Schall auf, den wir zur Verständigung und zur Orientierung brauchen. Wie aber entsteht der Schall?

Teilt euch in Gruppen auf. Jede Gruppe führt in einer beliebigen Reihenfolge nacheinander alle Versuche durch.

1 Das s(chw)ingende Lineal
Material
Lineal (möglichst lang und stabil, z. B. aus Metall)

Versuchsanleitung
a) Drückt ein Ende des Lineals fest auf eine Tischkante. Dabei soll ungefähr die Hälfte des Lineals überstehen. Zupft nun am freien Ende des Lineals (▷ B 1). Notiert, was ihr hört und seht.

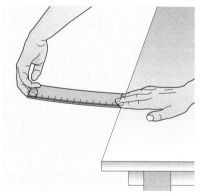

1 Anzupfen des Lineals

b) Ändert die Länge des überstehenden Teils und zupft erneut am freien Ende des Lineals. Was beobachtet ihr nun? Beschreibt die Unterschiede zum ersten Versuch.

2 Schall bewegt
Material
Glas, Alufolie, Bindfaden

Versuchsanleitung
Formt aus der Alufolie eine kleine Kugel. Befestigt sie an einem Stück Faden. Haltet die Kugel so am Faden, dass sie den Rand des leeren Glases berührt. Schlagt nun leicht gegen den Rand des Glases (▷ B 2). Beobachtet die Kugel. Beschreibt, was ihr feststellt.

2 Anschlagen des Glases

3 Die Stimmgabel schwingt
Material
Glasscheibe, Kerze (oder Feuerzeug), 2 hölzerne Wäscheklammern, lange Stimmgabel mit Metallspitze, Papier, Schutzbrille

Versuchsanleitung
Zündet die Kerze an. Haltet die Glasscheibe mit zwei Wäscheklammern und bewegt sie über der Flamme, bis sie mit einer Rußschicht bedeckt ist.

Achtung: Lasst die Scheibe zwischendurch immer wieder abkühlen, damit sie nicht zerspringt!

Legt nun die Scheibe mit der Rußschicht nach oben auf das Papier. Schlagt die Stimmgabel an und zieht die Metallspitze schnell über die berußte Scheibe (▷ B 3).

3 Die Stimmgabel erzeugt ein Muster.

Beschreibt das Muster, das die Metallspitze auf der berußten Glasscheibe erzeugt hat. Übertragt das Muster in euer Versuchsprotokoll.

AUFGABEN

1 ◒ Beantwortet nach der Durchführung aller Versuche in euren Gruppen folgende Fragen:
 – Wie entsteht Schall?
 – Wovon hängen Höhe und Lautstärke eines Tons ab?
Anschließend stellt jede Gruppe ihre Antworten vor.

2 ◒ Zähle weitere Schallquellen auf. Beschreibe jeweils, wodurch der Ton erzeugt wird und wie Tonhöhe und Lautstärke verändert werden können.

Hoch und tief, laut und leise

Schall und Schallquellen

Wenn du dir im Kino einen Film ansiehst, dann hörst du viele verschiedene Töne. Die Lautsprecher übertragen die Geräusche und die Musik des Films. Du hörst andere Kinobesucher mit Popcorn rascheln, Papier zerknüllen oder ein Getränk schlürfen. Stuhlsitze klappern, manche Kinobesucher husten, andere lachen laut.

All das, was du hörst, bezeichnet man als **Schall**. Verursacht wird dieser Schall von verschiedenen **Schallquellen**.

Mit einem einfachen Versuch kannst du herausfinden, wie der Schall erzeugt wird. Drückst du das Ende eines Lineals fest auf eine Tischplatte (▷ B1) und zupfst du am anderen freien Ende, so schwingt das Lineal und es entsteht ein Ton.

Hohe und tiefe Töne

Die Höhe des Tons hängt davon ab, wie lang der schwingende Teil des Lineals ist. Schwingt ein langes Stück des Lineals (▷ B1), kann man diese Bewegung meist sehen. Das Lineal schwingt langsam und erzeugt einen tiefen Ton.

Schwingt ein kurzes Stück des Lineals (▷ B1), lässt sich die Schwingung kaum sehen. Das Lineal schwingt jetzt schnell und erzeugt einen hohen Ton.

Laute und leise Töne

Um einen lauten Ton zu erzeugen, muss man die Schallquelle stärker anschlagen. Das bedeutet beim Lineal, dass man das freie Ende stärker biegen muss. Nach dem Loslassen schwingt dann das Lineal stärker aus.

Wenn eine Schallquelle schnell schwingt, dann erzeugt sie einen hohen Ton. Langsame Schwingungen erzeugen einen tiefen Ton.

Je stärker eine Schallquelle ausschwingt, desto lauter ist der Ton, den wir hören.

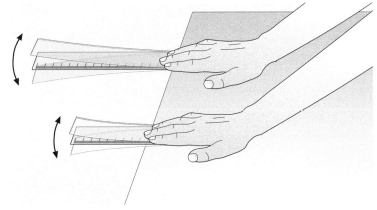

1 Das Lineal als Schallquelle

2 Trommeln   3 Gitarre

AUFGABEN

1 ○ Zähle verschiedene Schallquellen aus deinem Klassenraum auf.

2 ○ Beschreibe, wie du mit einem Lineal verschieden hohe und verschieden laute Töne erzeugen kannst.

3 ◖ Wie wird bei einer Trommel und einer Gitarre der Schall erzeugt? Beschreibe die Vorgänge. Beachte hier auch die Tonhöhe und die Lautstärke.

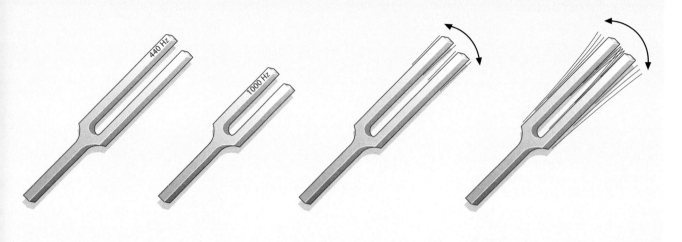

1 Stimmgabeln erzeugen verschiedene Töne.

Amplitude und Frequenz

Laut und leise – die Amplitude

Eine Stimmgabel erzeugt einen leisen Ton, wenn du sie leicht anschlägst. Der Ton wird lauter, wenn du die Stimmgabel fester anschlägst. Beim lauten Ton schlägt sie stärker aus. Der größte Ausschlag wird auch als **Amplitude** bezeichnet.

Die Tonhöhe

Wenn du dir unterschiedliche Stimmgabeln ansiehst, findest du sicher ähnliche Angaben wie in Bild 1. Um herauszufinden, was diese Angaben bedeuten, kannst du Folgendes ausprobieren: Schlage nacheinander verschiedene Stimmgabeln an und ordne sie nach der Höhe ihres Tons. Du wirst feststellen: Je größer die Zahl auf der Stimmgabel ist, desto höher ist der Ton.

Die Frequenz

Die Angabe auf der Stimmgabel ist die **Frequenz** des Tons. Sie wird in der Einheit Hertz (Hz) angegeben, benannt nach dem Physiker Heinrich Hertz (1857–1894). Die Frequenz in Hertz gibt an, wie viele Schwingungen die Stimmgabel in einer Sekunde ausführt. Die Angabe 440 Hertz (440 Hz) bedeutet zum Beispiel, dass die Stimmgabel in einer Sekunde 440 Schwingungen ausführt.

Je größer die Amplitude ist, desto lauter ist der Ton.

Die Frequenz (in Hertz) gibt an, wie viele Schwingungen ein Körper in einer Sekunde durchführt. Je größer die Frequenz einer Stimmgabel ist, desto höher ist ihr Ton.

AUFGABEN

1 ○ Beschreibe, was die Angabe „256 Hz" auf einer Stimmgabel bedeutet.

2 ◒ Vergleiche eine Kinderschaukel mit einer Stimmgabel. Beschreibe, wo du die Amplitude und die Frequenz bei einer Kinderschaukel wiederfindest.

3 Du schlägst eine Stimmgabel an und tauchst sie in ein Glas mit Wasser. Danach schlägst du die gleiche Stimmgabel fester an und tauchst sie wieder in das Wasser.
◒ a) Vermute, welche Unterschiede du bei den Versuchen beobachten wirst.
◒ b) Führe dann die Versuche durch und vergleiche deine Vermutungen mit deinen Beobachtungen.

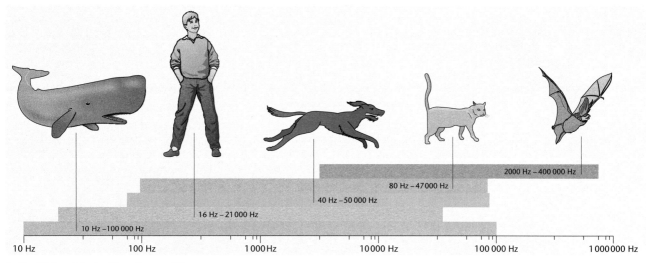

1 Der Hörbereich von Menschen und Tieren

◉ Schall, den wir nicht hören

Vielleicht kennst du Hundepfeifen, mit denen der Besitzer seinen Hund ruft. Wir können den Ton dieser Hundepfeifen nicht hören. Der Hund hört den Ton aber noch in großer Entfernung und kommt angelaufen. Welche Töne können Menschen und Tiere überhaupt hören?

Der Hörbereich von Menschen und Tieren
Erwachsene Menschen können Töne hören, deren Frequenz im Bereich zwischen 16 Hz und 16 000 Hz liegt. Kinder und Jugendliche mit gesundem Gehör nehmen höhere Töne bis zu einer Frequenz von 21 000 Hz wahr (▷ V 1).
Viele Tiere können Töne mit noch höherer Frequenz hören (▷ B 1). So nehmen Hunde Töne bis zu einer Frequenz von 50 000 Hz wahr. Diese Töne können Menschen nicht hören. Man nennt diese Art von Schall **Ultraschall**.
Andere Tiere, z. B. die Wale, können Töne mit einer sehr niedrigen Frequenz wahrnehmen. Auch diese Töne können Menschen nicht hören. Man nennt diesen Schall **Infraschall**.

Töne, deren Frequenzen über 16 000 Hz liegen, bezeichnet man als Ultraschall.

Töne mit Frequenzen unter 16 Hz nennt man Infraschall.

AUFGABEN

1 ○ Gib eine Frequenz an, die der Hund hören kann, wir Menschen aber nicht.

2 ○ Gib an, welche Frequenzen die Töne des Ultraschalls und die Töne des Infraschalls haben.

3 ◔ Erkundige dich über das Gehör der Fledermäuse und stelle dar, wozu sie den Ultraschall verwenden.

VERSUCH

1 Ein Tongenerator erzeugt sehr tiefe und auch sehr hohe Töne. Findet mit einem Tongenerator heraus, welche Frequenzen ihr noch hören könnt.

Ein Referat planen

1 Die Planung

Du hast die Aufgabe ein Referat zum Thema „Fledermäuse" vorzubereiten. Du wirst also zu diesem Thema vor der Klasse einen Vortrag halten. Nimm dir ausreichend Zeit für die Planung und die Erarbeitung. Hier findest du einige Tipps.

Ein Referat planen
Wenn du ein Referat vorbereitest, solltest du dein Vorgehen zunächst planen.

Informationen sammeln
Erstelle eine Stichwortsammlung zum Thema. Notiere zu jedem Stichwort das, was du schon weist. Dazu kannst du Stichpunkte untereinander schreiben. Besonders übersichtlich ist eine Mind-Map (▷ B 2). Diese kannst du auch leicht mit neuen Stichworten ergänzen. Sammle weitere Informationen zu deinem Thema. Sortiere Texte aus, die sich wiederholen und dir zu schwer sind.

Informationen auswerten
Lies deine Informationsquellen genau durch. Ergänze deine Stichwortsammlung mit neuen Informationen.

Gliederung erstellen
Nun kannst du dein Referat grob gliedern. Formuliere Überschriften für die verschiedenen Themen. Sortiere alle Stichworte deiner Stichwortsammlung in deine Gliederung.

Referat schreiben
Schreibe nun mithilfe deiner Gliederung den Text für dein Referat. Reichen die Stichpunkte nicht aus, lies noch einmal in deinen Informationsquellen.

Schreibe deinen Text immer selber. Abgeschriebene Texte erkennt man schnell.

Der Umfang deines Referates sollte mindestens zwei, höchstens fünf Seiten betragen.

Zuhörer begeistern
Überlege dir, wie du das Thema anschaulich machen kannst. Nichts ist langweiliger als ein Referat ohne Bilder. Suche passende Fotos von Fledermäusen.
Die Bilder kannst du auf ein Plakat kleben, sie über einen Beamer zeigen oder sie auf eine Folien übertragen.
Ein Tierpräparat aus der Schulsammlung ist auch hilfreich.

„Spickzettel" schreiben
Wenn du dein Referat hältst, schau deine Zuhörer an und rede möglichst frei. Sonst werden sie dir bald nicht mehr zuhören.
Bei der freien Rede hilft dir ein Spickzettel.

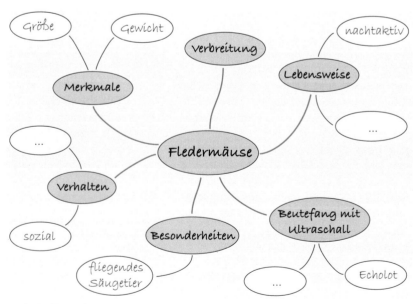

2 Die Stoffsammlung in einer Mind-Map

Gliederung

1. Lebensweise
2. Verbreitung
3. Merkmale
4. Verhalten
5. Besonderes
6. Beutefang mit
   Ultraschall

3 Die Gliederung

Spickzettel

1. Merkmale
   -Flügel

2. Verbreitung

3. Lebensweise
   - nachtaktiv

4. Verhalten

5. Besonderheiten
   -einziges fliegendes
   Säugetier

6. Beutefang
   -mit Ultraschall

4 Der Spickzettel

Erstelle ihn erst, nachdem du dein Referat geschrieben hast. Notiere dazu die Überschriften mit wichtigen Stichpunkten.

Du kannst die Stichpunkte auch auf einem Blatt aufschreiben: links die Stichpunkte, rechts daneben den dazugehörigen Text.
Schreibe deinen „Spickzettel" auf einen Zettel oder auf Karteikarten. Markiere farbig, an welchen Stellen du deinen Zuhörern ein Bild oder passendes Materialien zeigen möchtest.

Referat üben
Deinen Fledermaus-Vortrag solltest du vorher üben. Nimm dazu deinen Spickzettel zur Hand und sprich deinen Vortrag laut vor dich hin. Sprich langsam und deutlich. Vergiss nicht auf Bilder oder andere Materialien hinzuweisen. Du kannst auch vor einem Spiegel üben oder vor einem Familienmitglied oder Freund. Übe so lange, bis die Stichpunkte auf deinem

Spickzettel für eine freie Rede ausreichen.

Referat vortragen
– Bereite die Präsentation von
– Bildern und anderen Materialien vor.
– Nimm deinen Spickzettel in die Hand.

– Stell dich so hin, dass alle dich gut sehen können.
– Nenne das Thema.
– Verwende deine Stichworte und sprich möglichst frei.
– Sieh deine Zuhörer an.
– Sprich langsam und deutlich.
– Gib deinen Zuhörern am Ende Zeit für Fragen.

5 Schülerin trägt ihr Referat vor

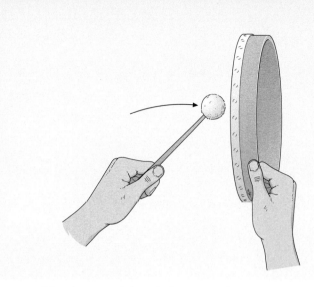

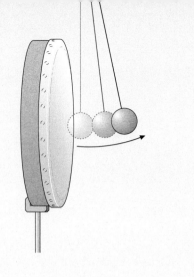

1 Wieso bewegt sich die aufgehängte Kugel?

Schallausbreitung

Wie breitet sich Schall aus?
Wenn du Schall erzeugst, dann breitet er sich in alle Richtungen aus. Schlägst du z. B. ein Tamburin an, dann wird durch den Schall ein zweites Tamburin in der Nähe in Schwingung versetzt (▷ B 1, V 1). Der Schall breitet sich also in der Luft aus.

Kann Schall sich ohne Luft ausbreiten?
In Versuch 2 machst du eine erstaunliche Beobachtung: Je weniger Luft vorhanden ist, desto leiser wird eine Klingel. Es fehlt die Luft zur Weiterleitung der Schalls. Schall kann sich also nicht alleine ausbreiten, sondern er braucht einen **Schallträger**. Häufig ist die Luft ein solcher Schallträger. Aber auch feste Körper, z. B. Heizungsrohre, können Schall transportieren.

Wie schnell ist der Schall in der Luft?
Der Schall braucht Zeit, um sich auszubreiten. In einer Sekunde legt der Schall in der Luft rund 340 Meter zurück. Das bedeutet: Die **Schallgeschwindigkeit** in der Luft beträgt rund 340 Meter pro Sekunde.

Schall breitet sich über Schallträger, z. B. Luft, aus. In der Luft legt der Schall in einer Sekunde rund 340 Meter zurück.

AUFGABEN

1 ○ Gib an, wie schnell sich der Schall in der Luft ausbreitet.

2 ◔ Du stehst 1 Kilometer von einer Schallquelle entfernt. Berechne die Zeit, die der Schall von der Schallquelle bis zu dir braucht.

3 ◔ Außer der Luft gibt es noch weitere Schallträger. Recherchiere Beispiele dazu und gib die Schallgeschwindigkeit in diesen Schallträgern an.

VERSUCHE

1 Befestige einen Tischtennisball an einem Faden und hänge den Ball so auf, dass er ein Tamburin berührt (▷ B 1). Schlage in rund 50 cm Entfernung ein anderes Tamburin an und beobachte den Ball.

2 Man legt eine elektrische Klingel unter eine Glasglocke und pumpt langsam die Luft aus der Glocke ab. Beschreibe, wie sich die Lautstärke verändert, und finde eine Erklärung.

Schallausbreitung im Teilchenmodell

Wie leitet die Luft den Schall?
Der Schall benötigt einen Schallträger, um von einer Schallquelle zu deinem Ohr zu gelangen. Ohne Luft kannst du den Ton einer Stimmgabel nicht hören. Was geschieht in der Luft, wenn sie den Schall leitet?

Scheinbar gibt es keine Verbindung zwischen der Stimmgabel und deinem Ohr. Doch die Luft zwischen Stimmgabel und Ohr besteht aus vielen winzig kleinen Teilchen. Sie sind so klein, dass man sie mit dem bloßen Auge nicht erkennen kann. Du kannst sie dir wie Kugeln vorstellen, die sich in jede beliebige Richtung hin und her bewegen können.

Schlägst du die Stimmgabel an, dann schwingen ihre Enden schnell hin und her. Dabei stoßen sie die Luftteilchen an, die sich in der direkten Umgebung befinden. Diese Luftteilchen stoßen die nächsten Luftteilchen an, diese wieder die nächsten usw. Schließlich bewegen sich auch die Luftteilchen, die sich in deinem Ohr befinden. Jetzt kannst du den Ton hören.

Ein Modell für die Schallausbreitung
Die Ausbreitung des Schalls in der Luft kannst du dir auch so vorstellen: Mehrere Schülerinnen und Schüler stellen sich hintereinander auf. Jede Person in der Reihe fasst mit gestreckten Armen die Schultern der Person vor sich (▷ B 1, oben). Wird nun die erste Person in der Reihe geschubst, gibt sie diese Bewegung an die benachbarte Person weiter. Diese stößt ihre benachbarte Person an usw. Schließlich bewegt sich auch die letzte Person in der Reihe (▷ B 1, unten).

Schall breitet sich in der Luft aus, indem sich die kleinsten Luftteilchen gegenseitig anstoßen.

1 Modellversuch für die Schallausbreitung. Jede Person stößt ihre benachbarte Person an, diese wieder die nächste usw.

AUFGABEN

1 ○ Beschreibe, wie die Luftteilchen den Schall weiterleiten.

2 ◔ a) Beschreibe, was jede Person im Modellversuch darstellt.
◔ b) Begründe, warum sich im Modellversuch nach kurzer Zeit auch die letzte Person in der Reihe bewegt, obwohl keine Schülerin und kein Schüler den Platz verlassen hat.

3 ● Begründe, warum der Schall eine bestimmte Zeit benötigt, um von der Stimmgabel zu deinem Ohr zu gelangen. Benutze in deiner Antwort auch den Modellversuch zur Schallausbreitung.

⊚ Versuche zum Hören

Für die folgenden Versuche muss es im Klassenraum ganz still sein!

1 Unser Ohr fängt den Schall
Material
2 Bogen Papier

Versuchsanleitung
a) Stelle dich mit dem Rücken zur Klasse. Bitte jemanden von deinen Mitschülerinnen oder Mitschülern, dir etwas zuzuflüstern.
b) Drehe dich dann so, dass du seitlich zur Klasse stehst. Lass dir erneut etwas zuflüstern.
c) Drehe dich nun zur Klasse und halte die Hände hinter die Ohren. Es wird nochmals geflüstert.
d) Nimm nun die beiden Bogen Papier und rolle sie zu zwei großen Trichtern zusammen. Halte die Papiertrichter so an deine Ohren, wie in Bild 1 dargestellt. Wiederhole nun die Versuche a) – c).

1 Papiertrichter

Aufgaben
1. Beschreibe, wie du das Flüstern jeweils wahrnimmst.
2. Erkläre, welche Wirkung die Hände im Versuchsteil c) haben.
3. Erläutere, welche Wirkung die Trichter im Versuchsteil d) haben.

2 Wer hat geklatscht?
Material
Tuch oder Schal

Versuchsanleitung
a) Eine Schülerin oder ein Schüler ist die Testperson. Sie stellt sich in die Mitte eines großen Kreises, den der Rest der Klasse bildet. Der Testperson werden die Augen so verbunden, dass die Ohren frei sind.
b) Ein Versuchsleiter gibt einer Schülerin oder einem Schüler im Kreis ein Zeichen, in die Hände zu klatschen. Die Testperson zeigt in die Richtung, aus der das Geräusch kam.
c) Nun hält sich die Testperson ein Ohr zu und der Versuch wird wiederholt.

Aufgabe
1. Erkläre den Unterschied im Versuchsergebnis.

3 Woher kommt der Schall?
Material
Kunststoff- oder Gummischlauch von ca. 1m Länge, Farbstift

Versuchsanleitung
a) Markiere mit dem Stift genau die Mitte des Schlauchs, bevor du mit dem Versuch beginnst.
b) Die Testperson setzt sich so an einen Tisch, dass sie ihm den Rücken zukehrt. Auf dem Tisch liegt der Schlauch.
c) Nun steckt sie sich die Schlauchenden vorsichtig in beide Ohren (▷ B 2).
d) Jemand klopft mit einem Stift leicht (!) auf den Schlauch.

e) Die Testperson soll sagen, ob sie das Klopfen rechts oder links von der Mitte wahrnimmt. Kann sie es nicht entscheiden, dann wird der Schlauch mit dem Farbstift erneut als „Mitte" markiert.
f) Überprüft anschließend, wie genau die Testperson die Mitte getroffen hat. Dazu messt ihr den Abstand zwischen den Markierungen „Mitte".

Aufgabe
1. Erkläre das Versuchsergebnis.

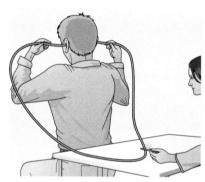

2 Zu Versuch 3

1 ⊖ Nehmt verschiedene Geräusche aus der Umwelt auf (z. B. Vogel, Regen, Fluss, laufender Wasserhahn). Spielt sie euren Klassenkameraden vor und lasst die Geräusche erraten.

2 ⊖ Beschreibe die Ohren einer Katze, eines Hundes mit Stehohren oder eines Pferdes, wenn die Tiere ein Geräusch wahrnehmen. Vergleiche dazu das Verhalten des Menschen. Erkläre den Unterschied.

Die Ohren als Schallempfänger

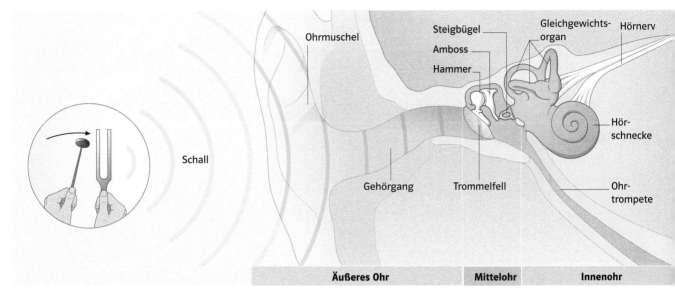

1 Aufbau des Ohrs

Bei unseren Ohren unterscheiden wir verschiedene Bereiche. Das Außenohr umfasst den Abschnitt von der **Ohrmuschel** bis zum **Trommelfell**. Im Mittelohr befinden sich die **Gehörknöchelchen** und im Innenohr liegt die **Hörschnecke** (▷ B1).

Wie wir Schall hören
Die Ohrmuschel fängt den Schall auf, der über den ca. 2 cm langen **Gehörgang** zum Trommelfell geleitet wird. Das Trommelfell wird durch die Schallwellen in Schwingungen versetzt. Dadurch geraten auch die drei Gehörknöchelchen, **Hammer**, **Amboss** und **Steigbügel** in Bewegung. Sie leiten die Schwingungen zur Hörschnecke weiter. Hier werden die Schwingungen mithilfe von **Hörsinneszellen** in elektrische Signale umgewandelt. Der **Hörnerv** leitet diese Signale zum Gehirn. Erst jetzt nehmen wir den Schall als Geräusch wahr (▷ B1).

Immer im Gleichgewicht
Drehen wir uns schnell im Kreis, wird uns schwindelig. Dieses Gefühl löst das **Gleichgewichtsorgan** aus, das neben der Hörschnecke liegt. Seine drei Bogengänge

sind mit Flüssigkeit gefüllt. Wenn wir uns bewegen, drückt die Flüssigkeit in den Bogengängen auf Sinneszellen. Sie wandeln diese Wahrnehmung in elektrische Signale um. Auch diese gelangen über den Hörnerv zum Gehirn. Es erkennt damit, wenn sich unsere Lage ändert.

Hörsinneszellen wandeln Schallwellen in elektrische Signale um. Diese nimmt unser Gehirn als Geräusch wahr.
Das Gleichgewichtsorgan sorgt dafür, dass wir Lageveränderungen wahrnehmen.

AUFGABEN

1 ○ Beschreibe an Bild 1 den Aufbau des Außen-, Mittel- und Innenohrs.

2 ◔ Erläutere anhand von Bild 1 den Weg von der Entstehung eines Geräuschs bis zu seiner Wahrnehmung.

3 ● Erkläre folgende Aussage: Die Ohren beherbergen zwei Sinne.

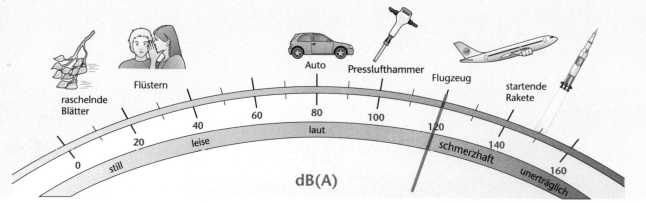

1 Beispiele für die Lautstärken verschiedener Schallquellen

Lärm schadet dem Gehör

Lärm kann schaden

Jede Art von Schall, der uns stört, bezeichnen wir als Lärm – egal, ob es sich um Musik oder Motorengeräusche handelt.

Lärm kann das Gehör schädigen. Diese Gefahr besteht zum Beispiel für Jugendliche, die in Diskotheken oder mit dem MP3-Player regelmäßig sehr laute Musik hören. Bereits jeder vierte Jugendliche hat aus diesem Grund einen Hörschaden, der nicht mehr zu beheben ist.

Die Einheit der Lautstärke

Wenn du feststellen willst, ob der Schall gesundheitsschädlich ist, musst du die Lautstärke messen. Das kannst du mit einem Schallpegelmessgerät machen. Es misst die Lautstärke in der Einheit Dezibel (A). Das A steht dafür, dass die Skala an das menschliche Gehör angepasst wurde.
Du kannst kürzer schreiben:
1 Dezibel (A) = 1 dB(A).

Wenn die Lautstärke um 10 dB(A) zunimmt, hört es sich für uns doppelt so laut an. Nimmt die Lautstärke um 20 dB(A) zu, hören wir es 4-mal so laut. Alle 10 dB(A) hört es sich für uns jeweils doppelt so laut an.

Die Lautstärke wird in der Einheit Dezibel (A) gemessen.

AUFGABEN

1 ○ Nenne Beispiele, bei denen die Menschen schädlichem Lärm ausgesetzt sind.

2 ○ Gib die Lautstärke eines Presslufthammers an.

3 ◔ Ein vorbeifahrendes Auto erzeugt eine Lautstärke von 80 dB(A). Ein startendes Flugzeug erzeugt 120 dB(A). Wie viel mal lauter nimmst du den Schall des Flugzeugs wahr? Begründe deine Antwort.

VERSUCH

1 Miss mit einem Schallpegelmessgerät die Lautstärke an einer viel befahrenen Straße und an der Straße in einem Wohngebiet. Vergleiche die unterschiedlichen Messwerte und mache Aussagen über die wahrgenommene Lautstärke.

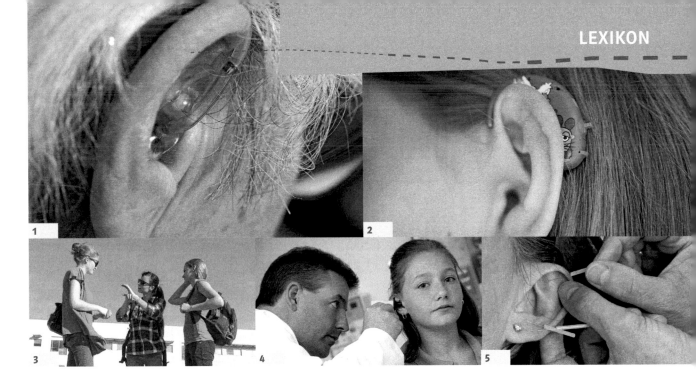

Wenn das Gehör krank wird

Altersschwerhörigkeit (▷ B 1)
Ältere Menschen hören oft nicht
mehr so gut. Das Hörvermögen
besonders für hohe Töne ver-
schlechtert sich mit dem Alter. Das
liegt daran, dass die Elastizität
des Trommelfells nachlässt. Die
Beweglichkeit der Gehörknöchelchen ist ebenfalls eingeschränkt.
Oft kann ein Hörgerät aber diese
Beeinträchtigung ausgleichen.

Schwerhörige Jugendliche (▷ B 2)
Auch bei Kindern und Jugend-
lichen kann Schwerhörigkeit
auftreten. In den meisten Fällen
sind zu laute Geräusche der Grund
dafür. Vor allem das Hören lauter
Musik über Kopfhörer ist auf Dauer
schädlich. In diesem Fall brechen
die feinen Härchen der Hörsinneszellen in der Hörschnecke ab. Sie
können nicht wieder nachwachsen.

Gehörlosigkeit (▷ B 3)
Manchmal sieht man Menschen
auf der Straße sich ohne Worte
„unterhalten". Sie verständigen
sich mit Gebärden. Leider gibt es
Kinder, die schon von Geburt an
gehörlos sind. Andere Menschen
verlieren ihr Gehör allmählich. Dies
kann auch durch eine Krankheit
oder einen Unfall geschehen.

Hörsturz (▷ B 4)
Bei einem Hörsturz kommt es zu
einem plötzlichen Verlust des Hör-
vermögens. Das betrifft oft nur ein
Ohr. Die Ursachen sind nicht immer
ganz klar. Seelische Probleme,
Stress, manche Viren und Störun-
gen der Blutversorgung im Innenohr können der Auslöser sein. Die
Betroffenen müssen so schnell wie
möglich einen Hals-Nasen-Ohren-
Arzt aufsuchen.

Tinnitus (▷ B 5)
Tinnitus heißt wörtlich übersetzt
„Das Klingeln im Ohr". Es bezeichnet Ohrgeräusche oder Ohrensau-
sen. Viele Menschen hören ständig
ein Klingeln, Rauschen, Pfeifen,
Sausen, Zischen oder Summen. Nur
wenn die Betroffenen abgelenkt
sind, „überhören" sie ihren Tinnitus.
Die Ursachen für die Krankheit sind
unklar und die Betroffenen müssen
mit dem Geräusch auskommen. In
manchen Fällen bringt Akupunktur
eine Heilung.

Schall wahrnehmen

Über dein Gehör hast du ständig einen Zugang zu deiner Umgebung. „Die Ohren verschließen" oder „einfach weghören" ist gar nicht so einfach.

Das Gehör hat verschiedene Aufgaben: Du nimmt Geräusche auf und bekommst damit Informationen über deine Umwelt. Mithilfe beider Ohren kannst du den Ort einer Schallquelle bestimmen. Erst durch das Hören der Sprache ist eine schnelle und genaue Verständigung möglich.

Überprüfe in den folgenden Versuchen das Zusammenspiel von Schall und Gehör.

1 Wie klingt der Schall bei eingeschränktem Gehör?

1 Eingeschränkt hören
Material
Watte, zwei Plastikbecher, langer Stoffstreifen

Versuchsanleitung
Verschließe deine Ohren mit Watte. Fülle auch die Becher mit Watte und setze sie auf deine Ohrmuscheln. Befestige die Becher mit dem Stoffstreifen (▷ B 1).

Beschreibe, wie du die Geräusche aus deiner Umgebung wahrnimmst. Wie klingt es, wenn du selbst sprichst?

Finde heraus, wie du dich mit einer Mitschülerin oder einem Mitschüler ohne Worte verständigen kannst.

2 Richtungen hören
Material
Tuch zum Verbinden der Augen, Watte, Plastikbecher, langer Stoffstreifen

Versuchsanleitung
Stelle dich mit verbundenen Augen vor deine Klasse. Mehrere Schülerinnen oder Schüler flüstern dir einige Wörter zu. Zeige in die Richtung, in der du die Sprecherin oder den Sprecher vermutest. Anschließend verschließt du ein einzelnes Ohr wie in Versuch 1. Versuche wieder, die Richtung der Sprecherinnen und Sprecher zu bestimmen. Beschreibe die Unterschiede.

3 Gute und schlechte Schallträger
Material
Mechanischer Wecker oder Armbanduhr, Metallschiene, Holzblock, Schwamm, Steinwolle

Versuchsanleitung
Lege die tickende Uhr auf ein Ende der Metallschiene. Auf das andere Ende legst du ein Ohr. Achte darauf, wie laut du das Ticken der Uhr hörst.

Lege dann nacheinander verschiedene Gegenstände (Holzblock, Schwamm, Steinwolle) auf das Ende der Schiene und darauf wieder die tickende Uhr (▷ B 2). Wie laut hörst du jetzt das Ticken der Uhr?

Finde eine Erklärung für die unterschiedlichen Wahrnehmungen.

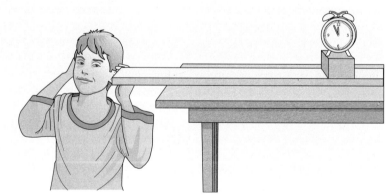

2 Zu Versuch 3

Hilfsmittel für Hörgeschädigte

Unsere Kommunikation geschieht zu einem großen Teil über das Sprechen und das Hören. Bei manchen Menschen lässt aber im Alter das Gehör nach. Es gibt dann zunehmend Schwierigkeiten bei der Verständigung. Hörgeschädigte müssen häufiger nachfragen, wenn sie etwas nicht verstanden haben. Häufig lesen sie anderen Menschen die Worte von den Lippen ab. Das kann für beide Gesprächspartner anstrengend sein. Hörgeschädigte Menschen sind aber deshalb nicht schwer von Begriff.

Ein Hilfsmittel für Hörgeschädigte
Bei einer Hörschwäche ist ein Hörgerät ein gutes Hilfsmittel. Moderne Hörgeräte sind so klein, dass sie direkt vor dem Gehörgang getragen werden können und von außen kaum zu sehen sind.
Hörgeräte fangen den Schall auf, verarbeiten ihn und geben ihn verstärkt an das Ohr weiter. Hörgeräte verstärken vor allem die Frequenzen der menschlichen Stimme. Andere Geräusche, wie z. B. Verkehrslärm, werden weniger verstärkt. Damit machen Hörgeräte vor allem die Sprache verständlicher. Außerdem verändern sie die Frequenzen verschiedener Sprachlaute so, dass sie in den Hörbereich des hörgeschädigten Menschen fallen. Ein modernes Hörgerät wird genau an die Hörschädigung angepasst.

Hilfen beim Leben in der Stille
Wenn ein Mensch eine starke Hörschädigung hat, dann kann er auch seine eigene Stimme nicht hören. Deshalb kann er seine Sprache schlecht kontrollieren, und seine Wörter klingen manchmal schwer verständlich.
Gehörlose Menschen verständigen sich oft durch eine Gebärdensprache. Um sie zu erlernen, bedarf es einiger Übung. Vielleicht

hast du schon einmal eine Nachrichtensendung gesehen, die in die Gebärdensprache übersetzt wurde.
Eine andere Möglichkeit zur Verständigung ist das Fingeralphabet (▷ B 1).

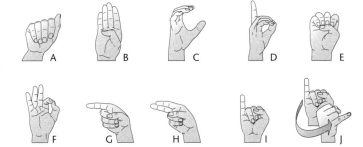

1 Fingeralphabet

AUFGABEN

1 ⊖ Wenn ein Kind gehörlos geboren wird, dann kann es das Sprechen nur schwer lernen. Begründe.

2 ● In Bild 1 siehst du mehrere Buchstaben des Fingeralphabets. Recherchiere, wie die anderen Buchstaben aussehen, und zeichne sie ab.

3 ● Recherchiere die jeweiligen Vorteile und Nachteile der Gebärdensprache und des Fingeralphabets und beschreibe sie. Welche von beiden Verständigungsmöglichkeiten wird von Hörgeschädigten meistens benutzt?

4 ● Was versteht man unter der „Kommunikation" der Menschen? Finde die Bedeutung dieses Worts heraus und beschreibe ein Beispiel dazu.

Schallschutz

Ein Schwamm als Schalldämpfer

Wenn du Wasser in eine Badewanne einlaufen lässt, dann kannst du das Geräusch des einlaufenden Wassers deutlich hören. Häufig nimmst du es sogar in den Nachbarzimmern wahr. Lässt du aber das Wasser auf einen Schwamm laufen, dann wird das Geräusch leiser. Wieso dämpft der Schwamm das Geräusch des Wassers? Ein Schwamm enthält viele kleine Poren, die mit Luft gefüllt sind. Wenn der Schall in den Schwamm eintritt, dann wird er von der Luft in den Poren weitergeleitet. Luft ist aber ein schlechter Schallträger: Ein großer Teil des Schalls wird von der Luft absorbiert (verschluckt). Deshalb dämpft die Luft im Schwamm den Schall.

Vom Schwamm zum Schallschutz

In den Städten und an vielbefahrenen Straßen ist der Verkehrslärm allgegenwärtig. Zum Schutz davor verwendet man Materialien, die wie ein Schwamm viel Luft enthalten. Schallschutzwände an den Autobahnen (▷ B 1) enthalten poröse, luftige Werkstoffe, die den Schall stark absorbieren. Einen Teil des Schalls reflektieren sie zurück zur Fahrbahn.

Zwischen den Scheiben eines mehrfach verglasten Fensters befindet sich Luft oder ein anderes Gasgemisch (▷ B 2). Je mehr Zwischenräume ein solches Fenster besitzt, desto besser ist der Schallschutz.

Zum Schallschutz benutzt man Materialien, die viel Luft oder andere Gase enthalten.

AUFGABEN

1 ○ Beschreibe, wie Materialien zum Schallschutz aufgebaut sind.

2 ◕ Beschreibe Beispiele, bei denen Schallschutz unbedingt notwendig ist.

3 ◕ Auch eine Geschwindigkeitsbeschränkung ist eine Maßnahme zum Schutz vor Lärm. Erkläre.

VERSUCH

1 Lass Wasser in eine Wanne laufen. Lege dann einen Schwamm in die Wanne und lass das Wasser auf den Schwamm laufen. Vergleiche die Geräusche.

1 Schallschutzwände vermindern den Straßenlärm.

2 Dreifach verglaste Fensterscheibe

Das Kino zu Hause

Stereo (Stereophonie)

Unsere Ohren liegen etwa 15 cm auseinander. Deshalb erreichen die meisten Schallsignale das linke und das rechte Ohr unterschiedlich spät. Das Gehirn kann aus den winzigen Zeitunterschieden ermitteln, aus welcher Richtung der Schall kommt. Dies nutzen wir bei Stereoanlagen: Mit mehreren Mikrofonen an unterschiedlichen Stellen wird z. B. ein Konzert aufgenommen. Bei der Wiedergabe zu Hause geben die beiden Lautsprecher die verschiedenen Instrumente unterschiedlich laut wieder. Dadurch entsteht ein räumlicher Höreindruck.

Dolby® Surround 5.1

Viele Kinos, Fernseher und Musikanlagen verwenden das Dolby® Surround 5.1-Verfahren. Es liefert ein sehr realistisches Klangerlebnis. Dolby® ist ein Warenzeichen und „surround" bedeutet „rund herum".
Bei diesem System wird der Ton, z. B. eines Kinofilms, über sechs unabhängige Lautsprecher wiedergegeben (▷ B 1).
Der vordere linke und der vordere rechte Lautsprecher übertragen die Informationen wie bei der Stereophonie. Hinzu kommt noch ein Lautsprecher in der Mitte, der die Sprache und die Geräusche aus der Bildmitte wiedergibt.

Die beiden hinteren Lautsprecher sind für die Hintergrundgeräusche zuständig, die scheinbar links und rechts hinter dem Betrachter entstehen. Der sechste Lautsprecher (Subwoofer) gibt die tiefen Töne wieder, die die anderen Lautsprecher nicht erzeugen können. Seine Position ist nicht wichtig, häufig ist er nicht sichtbar aufgestellt.

Beim Dolby® Surround 5.1-Verfahren hast du den Eindruck, mitten im Geschehen zu sein. Fliegt in einem Film z. B. ein Pfeil von hinten nach vorne, hörst du ihn auch von hinten nach vorne fliegen.

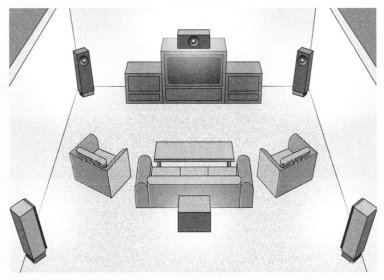

1 Heimkino

AUFGABEN

1 ◖ Erkläre den Unterschied zwischen der Stereophonie und dem Dolby® Surround 5.1-Verfahren.

2 ◖ Erstelle eine Tabelle zum Dolby® Surround 5.1-Verfahren. In die linke Spalte schreibst du die verschiedenen Lautsprecher, in die rechte Spalte ihre jeweilige Aufgabe.

3 ● Stell dir vor, eine Mitschülerin aus deiner Klasse hat in der Unterrichtsstunde zum Dolby® Surround 5.1-Verfahren gefehlt. Verfasse einen Text, in dem du dieses Verfahren erklärst.

Zusammenfassung

Die Ausbreitung des Lichts
Licht breitet sich geradlinig in alle Richtungen aus. Sehr dünne Lichtbündel nennt man Lichtstrahlen.

Die Augen des Menschen
Die Augen sind die wichtigsten Sinnesorgane des Menschen. Deshalb haben sie wichtige Schutzeinrichtungen wie Augenbrauen, Wimpern und Augenlider. Die Augen empfangen Lichtreize über Lichtsinneszellen und leiten die Reize als elektrische Signale zum Gehirn weiter. Das Gehirn macht dann aus den elektrischen Signalen ein Bild.

Licht und Schatten
Ein Schattenraum entsteht, wenn eine Lichtquelle einen lichtundurchlässigen Körper beleuchtet.

Reflexion und Absorption
Die Oberflächen von Körpern können das Licht reflektieren und absorbieren. Helle Flächen reflektieren das Licht besser als dunkle Flächen. Dunkle Flächen absorbieren das Licht.

Reflexion am Spiegel
Ein Lichtstrahl wird an einem Spiegel reflektiert. Der Lichtstrahl wird genauso flach oder steil zurückgeworfen, wie er aufkommt: Der Einfallswinkel ist genauso groß wie der Reflexionswinkel.

Schwingungen machen Töne
All das, was du hörst, bezeichnet man als Schall. Eine Schallquelle erzeugt einen Ton, wenn sie schwingt.
Schnelle Schwingungen führen zu einem hohen Ton, langsame Schwingungen zu einem tiefen Ton.
Je stärker eine Schallquelle schwingt, desto lauter ist der Ton, den wir hören.
Die Frequenz (in Hertz) gibt an, wie viele Schwingungen ein Körper in einer Sekunde durchführt.

Schallausbreitung
Schall breitet sich in der Luft aus, indem sich die kleinsten Luftteilchen anstoßen. In der Luft legt der Schall in einer Sekunde rund 340 Meter zurück.

Das Gehör des Menschen
In Bild 1 sind wichtige Teile unseres Gehörs dargestellt: die Ohrmuschel, der Gehörgang, das Trommelfell, Hammer, Amboss und Steigbügel, die Hörschnecke und der Hörnerv.

Schall und Lärm
Die Lautstärke wird in Dezibel (A), kurz dB(A), gemessen.
Lärm ist gefährlich. Zum Schallschutz benutzt man Materialien, die viel Luft oder andere Gase enthalten.

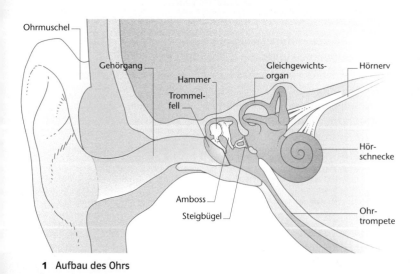

Ohrmuschel — Gehörgang — Hammer — Trommelfell — Gleichgewichtsorgan — Hörnerv — Hörschnecke — Amboss — Steigbügel — Ohrtrompete

1 Aufbau des Ohrs

1 ○ Nenne drei selbstleuchtende Körper.

👍 Super! ？ ► S.54/55

2 ○ Beschreibe, wie sich Licht von einer Lichtquelle ausbreitet.

👍 Super! ？ ► S.57

3 ○ Beschreibe, was ein Lichtstrahl ist.

👍 Super! ？ ► S.57

4 ○ Benenne alle wichtigen Teile des menschlichen Gehörs.

👍 Super! ？ ► S.91

5 ○ Benenne Hilfsmittel für blinde Menschen.

👍 Super! ？ ► S.63

6 ◒ Du sitzt im Kino und schaust dir einen Film an. Beschreibe das Erlebnis mit dem Sender-Empfänger-Modell.

👍 Super! ？ ► S.55

7 ◒ Begründe mithilfe einer Skizze, warum bei einer Lochkamera die Bilder auf dem Kopf stehen.

👍 Super! ？ ► S.59

8 ◒ Beschreibe Möglichkeiten, um die natürlichen Schutzeinrichtungen der Augen zu verstärken. Nenne die Situation, in denen man sie anwendet.

👍 Super! ？ ► S.60/61

9 ◒ Skizziere die Entstehung eines Schattens. Beschrifte die Skizze.

👍 Super! ？ ► S.64/65

10 ◒ Beschreibe, wie du auf einer Gitarrensaite tiefe und hohe Töne erzeugen kannst.

👍 Super! ？ ► S.83

11 ◒ a) Bei einem Gewitter sieht man zuerst den Blitz, erst einige Zeit später hörst du den Donner. Erkläre diese Erscheinung.
◒ b) Wie weit ist man vom Gewitter entfernt, wenn zwischen Blitz und Donner 4 Sekunden vergehen? Gib auch deine Rechnung an.

👍 Super! ？ ► S.88

12 ● Die Pupille wirkt wie das Loch einer Lochkamera. Erkläre diese Aussage.

👍 Super! ？ ► S.60/61

13 Im Sommer tragen viele Menschen lieber weiße Kleidung als dunkle.
● a) Erkläre die Vorteile weißer Kleidung gegenüber schwarzer Kleidung.
● b) Überprüfe deine Erklärung mithilfe eines Versuchs.

👍 Super! ？ ► S.70

14 ● Autofahrer behaupten, dass sie bei Fahrten in der Dunkelheit durch regennasse Fahrbahnen stärker geblendet werden, als wenn es trocken wäre. Beurteile diese Behauptung.

👍 Super! ？ ► S.72

4 Kräfte und Körper

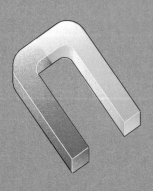

- Wie können Magnete schweben?

- Warum dreht sich eine Kompassnadel immer in die gleiche Richtung?

- Warum kann ich sehen, dass es Kräfte gibt?

- Warum sind manche Gegenstände gleich groß, aber nicht gleich schwer?

- Wie kann ein Kran schwerste Lasten heben?

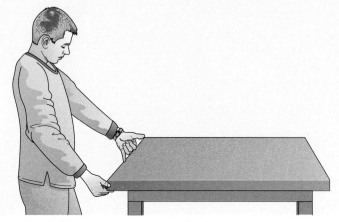

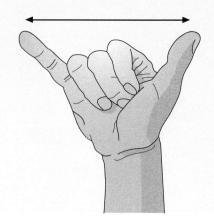

1 Messung der Tischlänge mit der gespreizten Hand

Körper abmessen

Messen – aber wie?

Sven möchte sein Zimmer umstellen.
Sein Schreibtisch soll zwischen Schrank
und Bett platziert werden. Reicht der Platz
dafür aus? Er kommt auf eine Idee: Mit
seiner gespreizten Hd (▷ B1) misst Sven
die Länge des Schreibtischs. Dann misst
er genauso die Länge zwischen Schrank
und Bett und vergleicht.

Einheitliches Maß

Das erste **Längenmaß** war die so genannte
Elle. Das ist die Länge des Arms vom Ellbo-
gen bis zur Spitze der Hand. Da die Länge
der Elle aber von Mensch zu Mensch verschieden ist, musste ein einheitliches Maß
für die Länge festgelegt werden: In Paris
bewahrt man das so genannte Ur-Meter
auf. Es wurde vereinbart, dass die Länge
dieses Ur-Meters genau 1 Meter entspricht.
So hatte man ein einheitliches Maß für
die Länge. Genaue Kopien des Ur-Meters
wurden in der Welt verteilt. So hat man ein
einheitliches Maß für die **Länge**.
Es wurde aber nicht nur ein Maß für die
Länge festgelegt, sondern auch für die
Masse, das Volumen und die Zeit.

Bestimmung von Massen

Früher konnte man auf Märkten noch eine
besondere Waage sehen: eine Balkenwaa-
ge (▷ B2). Ein Händler konnte mit einer
Balkenwaage Massen bestimmen: Der
Händler legte die Ware auf die eine Seite
und brachte dann durch Auflegen von
Massestücken auf der anderen Seite die
Balkenwaage in das Gleichgewicht (▷ B2).
Die **Masse** der Ware war dann genauso
groß wie alle Massestücke zusammen.
Um genau messen zu können, hatte der
Händler mehrere unterschiedlich schwere
Massestücke.

2 Eine Balkenwaage im Gleichgewicht

Als Maß für die Masse haben wir heute das Kilogramm. Wird 1 Kilogramm in 1000 gleiche Teile aufgeteilt, so erhält man 1 Gramm.

Auf das Volumen kommt es an

Sven gießt für sich und seine Schwester Saft in zwei verschieden geformte Gläser. Seine Schwester darf sich zuerst entscheiden. Sven meint großzügig: „Sie enthalten ja die gleiche Menge."
Seine Schwester glaubt ihm nicht. Er beweist seine Behauptung mit einem Messbecher aus der Küche.
Er misst zuerst den Inhalt des einen Glases, danach den Inhalt des anderen Glases. Die Messergebnisse beider Gläser sind gleich. Der Rauminhalt eines Glases hängt von seiner Breite und seiner Höhe ab.

Das Volumen

In den Gläsern füllt die Flüssigkeit einen bestimmten Raum aus. Dieser Rauminhalt heißt **Volumen**. Das Volumen kannst du z. B. mit einem Messbecher oder einem Messzylinder bestimmen. Das Gefäß hat eine Skala, an der du das Volumen ablesen kannst. Das Volumen wird in den Einheiten Milliliter (ml) und Liter (l) angegeben.

Messwert

In jedem Glas waren 200 ml Saft. Dies ist der **Messwert**. Er besteht aus dem Zahlenwert „200" und der **Einheit** „ml". Auch bei jeder anderen Messung muss man zum Zahlenwert eine Einheit angeben. Das Volumen (Rauminhalt) selber bezeichnet man als **Größe**. Neben den Größen Länge, Masse, Volumen und Zeit gibt es z. B. auch die Geschwindigkeit. Jede Größe hat eine eigene Einheit.

Messen heißt, mit einem festgelegten Maß zu vergleichen. Bei einer Messung erhält man einen Messwert. Er besteht aus einem Zahlenwert und einer Einheit.

3 Sind diese Gläser gleich voll?

AUFGABEN

1 ○ Nenne die Vorteile des Ur-Meters.

2 ○ Beschreibe, aus welchen Bestandteilen ein Messwert besteht.

3 ○ Beschreibe, wie du das Volumen einer Teekanne bestimmen kannst.

4 ◐ Beurteile folgende Aussage: „Die Masse der Zuckertüte beträgt 5."

5 ◐ Recherchiere, was das so genannte Ur-Kilogramm ist.

6 ● Verschiedene Messgrößen haben unterschiedliche Einheiten z. B. cm, km und m. Erstelle eine Tabelle mit Umrechnungen, z. B. 1 km = 1000 m.

VERSUCHE

1 Miss die Länge eines Schultischs. Du darfst aber nur deine gespreizte Hand verwenden. Gib die Länge des Schultischs dann mit der Anzahl „gespreizter Hände" an. Vergleiche mit dem Ergebnis deiner Mitschülerinnen und Mitschüler.

2 Finde heraus, wie schwer die Gegenstände aus deinem Schulranzen sind: Lege deine Gegenstände auf eine Balkenwaage und bringe die Waage durch Auflegen mit den verschiedenen Massestücken in das Gleichgewicht. Trage die Gegenstände und ihre Masse in eine Tabelle ein.

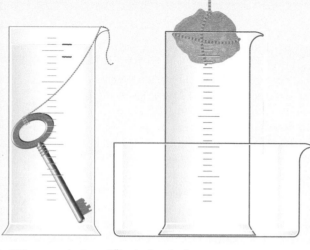

1 Schlüssel und andere feste Körper haben auch ein Volumen. Aber wie kannst du es bestimmen?

2 Differenzmethode und Überlaufmethode

Volumen messen

Auch feste Körper haben ein Volumen
Wenn du das Volumen beispielsweise eines Schlüssels bestimmen willst, ist es zwecklos ihn in einen leeren Messbecher zu legen. Fülle deshalb erst den Messbecher bis zu einem gut ablesbaren Wert mit Wasser und notiere dir diesen Wert. Du benötigst genug Wasser, denn nun versenkst du den Gegenstand im gefüllten Messbecher. Das Wasser im Messbecher steigt auf einen zweiten Messwert, da der Gegenstand ebenfalls Platz braucht. Ziehst du ersten, kleineren Messwert vom zweiten, größeren Messwert ab, bildest du die Differenz. Dies ist das Volumen des Gegenstands. Dies ist die **Differenzmethode**.

Noch eine Messmethode
Wenn du den Schlüssel in ein vollständig mit Wasser gefülltes Gefäß eintauchen lässt, so läuft das Wasser über. Wenn du das Gefäß vorher in einen größeren Behälter gestellt hast, so landet das Wasser in diesem Behälter. Dieses Wasser kann in einen Meßbecher umgefüllt und so das Wasservolumen gemessen werden. Dieses entspricht dem Volumen des Körpers. Diese einfache Methode wird **Überlaufmethode** genannt.

Das Volumen fester Körper kann man auf Umwegen bestimmen. Man bestimmt dazu die Wassermenge, die die Körper verdrängen mithilfe der Differenzmethode oder der Überlaufmethode.

1 ○ Beschreibe den Begriff Volumen.

2 ◔ Du nimmst ein Bad. Wenn du dich in die Wanne legst, fließt manchmal ein Teil des Wassers ab. Erkläre das Phänomen und vergleiche es mit der hier vorgestellten Überlaufmethode.

3 ● Das Volumen kann beispielsweise auch in der Einheit Kubikzentimeter angegeben werden. Recherchiere die verschiedenen Volumeneinheiten und wie man sie ineinander umrechnet.

1 Bestimme mithilfe der Überlaufmethode das Volumen verschiedener fester Körper, z. B. Steine und Kartoffeln. Prüfe deine Ergebnisse mit der Differenzmethode nach. Halte deine Messwerte in einer Tabelle fest.

Auf den Werkstoff kommt es an

Sind Holzbalken leichter als Eisenträger?
Ein Kilogramm Holz und ein Kilogramm Eisen sind gleich schwer. Sie haben die gleiche Masse. Legst du aber auf eine Seite einer Balkenwaage ein Stück Holz und auf die andere nacheinander kleine Eisenstückchen, so ist die Waage schon bei einer kleinen Menge Eisen mit dem Holzstück im Gleichgewicht.

Die Dichte des Werkstoffs ist wichtig
Nun hast du zwei gleichgroße Klötze. Der Eisenklotz ist schwerer als der Holzklotz (▷ B 1). Dies liegt an der sogenannten Dichte. Eisen hat eine größere Dichte als Holz, weil sich im gleichen Rauminhalt mehr Teilchen befinden. Die Teilchen im Eisen liegen enger beieinander. Sie haben eine größere Dichte.

Die Dichte von Gegenständen bestimmen
Möchtest du die Dichte beispielsweise von Holz und Eisen bestimmen, musst du in beiden Fällen die Masse und das Volumen des Gegenstands ermitteln. Nun teilst du die Masse durch das Volumen. Das Ergebnis ist die Dichte des Materials (▷ B 2). Die Dichte wird in der Einheit Gramm pro Kubikzentimeter (g/cm^3) angegeben.

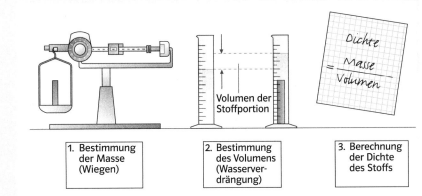

1. Bestimmung der Masse (Wiegen)
2. Bestimmung des Volumens (Wasserverdrängung)
3. Berechnung der Dichte des Stoffs

$$Dichte = \frac{Masse}{Volumen}$$

Volumen der Stoffportion

2 Bestimmung der Dichte von festen Körpern

Schwimmen und Fliegen
Warum fliegen Luftballons? Warum schwimmen die Eiswürfel oben im Getränk? Diese und viele andere Phänomene aus deiner Umwelt kannst du mithilfe der Dichte erklären. So sind beispielsweise die Luftballons auf dem Stadtfest mit Helium gefüllt. Weil Helium eine kleinere Dichte als Luft hat, fliegt der Ballon. Die Eiswürfel schwimmen oben im Getränk, weil Eis eine kleinere Dichte als Wasser hat.

AUFGABEN

1 ○ Beschreibe den Begriff Dichte mithilfe eines Beispiels.

2 ◐ Beim Auffüllen von Paketen nimmt man oft Verpackungschips aus Styropor. Erkläre, weshalb man gerade diesen Werkstoff und nicht beispielsweise kleine Holzstücke verwendet.

3 ◐ Begründe, warum 500 g Mehl ein größeres Volumen haben als 500 g Zucker.

4 ● Recherchiere und beschreibe, wie ein Heißluftballon funktioniert.

1 Gleich große Würfel aus verschiedenen Stoffen sind unterschiedlich schwer.

Versuche mit Magneten

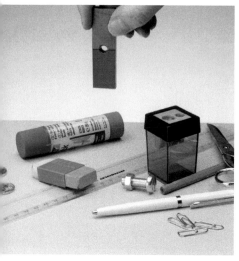

1 Gegenstände werden auf ihre magnetische Anziehung hin untersucht.

Erstelle zu jedem der beschriebenen Versuche ein Protokoll und fasse deine Ergebnisse kurz zusammen.

1 Welche Gegenstände zieht ein Magnet an?
Material
Magnet, verschiedene Gegenstände (z. B. Lineal, Radiergummi, Schere, verschiedene Schlüssel, Trinkglas, Becher, Schrauben, Münzen)

Versuchsanleitung
a) Nimm einen Magneten und nähere ihn den verschiedenen Gegenständen (▷ B 1).
b) Lege eine Tabelle an, in der du notierst, ob der Gegenstand vom Magneten angezogen wird oder nicht.
c) Betrachte die Ergebnisse. Versuche zu beschreiben, welche Art von Gegenständen von dem Magneten angezogen wird.

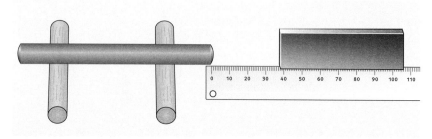

2 Ein Magnet wirkt auch auf die Entfernung.

2 Welche Stoffe zieht ein Magnet an?
Material
Magnet, Prüfstücke (z. B. aus Eisen, Nickel, Kupfer, Kunststoff, Graphit, Holz, Aluminium, Glas u. v. a.)

Versuchsanleitung
a) Nimm einen Magneten und halte ihn an die verschiedenen Prüfstücke. Notiere in einer Tabelle, welcher Stoff von dem Magneten angezogen wird.
b) Beschreibe, welche Stoffe bzw. Materialien von dem Magneten angezogen werden. Vergleiche deine Ergebnisse mit den Ergebnissen aus Versuch 1.

3 Fernwirkung
Material
Stabmagnet, Lineal, Eisenstab, Rundhölzer

Versuchsanleitung
Lege den Eisenstab auf die beiden Rundhölzer. Richte den Eisenstab am Nullpunkt des Lineals aus. Nähere den Stabmagneten langsam dem Eisenstab (▷ B 2). Von welcher Entfernung an wird der Eisenstab angezogen? Beschreibe.

4 Weiterleiten der Magnetwirkung
Material
Stabmagnet, Nägel

Versuchsanleitung
Hänge einen Nagel an einen Stabmagneten (▷ B 3). Hänge an das Ende des Nagels einen weiteren Nagel und an diesen nochmals einen Nagel usw. Wie viele Nägel kannst du aneinanderreihen? Probiere es aus.

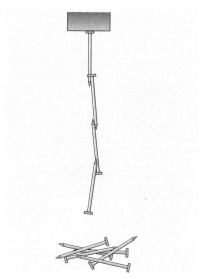

3 Versuch 4

Die magnetische Wirkung

Anziehung durch Magnete
Magnete gibt es in unterschiedlichen Formen und Größen (▷ B 1). Du weißt, dass Magnete andere Gegenstände anziehen können. Wenn du Versuche mit Magneten durchführst, wirst du aber feststellen, dass die Anziehung nicht bei allen Gegenständen auftritt. Es hängt davon ab, aus welchem Material bzw. Stoff der Gegenstand besteht.
(▶ Struktur der Materie, S.154/155)

Da viele Gegenstände, zum Beispiel Münzen, aus mehreren Stoffen bestehen, muss man jeden einzelnen dieser Stoffe auf seine magnetischen Eigenschaften untersuchen. Gegenstände, die zum Beispiel Eisen oder Nickel enthalten, werden von einem Magneten angezogen. Eisen und Nickel nennt man deshalb auch **ferromagnetische Stoffe**. Manche Geldstücke (▷ B 2) enthalten Nickel und Eisen.

Magnetische Fernwirkung
Die magnetische Anziehung zwischen einem Magneten und beispielsweise einem Eisennagel lässt sich schon feststellen, bevor sich die beiden berühren. Die magnetische Anziehung wirkt also auch über eine Entfernung hinweg.

Zwischen einem Magneten und Gegenständen, die zum Beispiel Eisen oder Nickel enthalten, gibt es eine magnetische Anziehung. Die magnetische Anziehung wirkt auch ohne Berührung über eine Entfernung hinweg.

AUFGABEN

1 ○ Nenne Stoffe, die ein Magnet anzieht.

2 ◕ Erkläre, was man unter der magnetischen Fernwirkung versteht.

3 ● Begründe, warum folgende Aussage falsch ist: Ein Magnet zieht Scheren an.

VERSUCH

1 Lege kleine Nägel oder Büroklammern auf den Tisch. Halte nacheinander im Abstand von 1 cm ein Blatt Papier, eine Glasschale und ein Stück Blech darüber. Nähere dich jeweils von oben mit einem Magneten, ohne das Papier, das Glas oder das Eisen zu berühren. Beschreibe, was geschieht, und formuliere einen Merksatz.

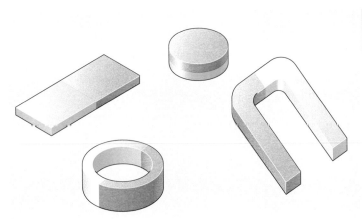

1 Formen von Magneten

2 Magnetische Wirkung bei Münzen

Dem Magnetismus auf der Spur

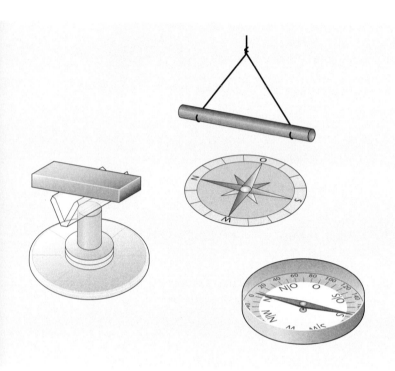

1 Drehbare Magnete zeigen in Nord-Süd-Richtung.

Magnetpole

Jeder Magnet hat zwei **Pole**. Bei einem Stabmagneten befinden sich die Pole an seinen beiden Enden (▷ B 4). Im Bereich der Pole ist die magnetische Kraft am größten. In der Mitte des Magneten wirkt keine magnetische Kraft.

Die magnetischen Kräfte zwischen dem Pol eines Magneten und einem Gegenstand z. B. aus Eisen oder Nickel wirken wechselseitig. Das bedeutet, dass der Magnet zum Beispiel einen Eisenstab anzieht und der Eisenstab dann umgekehrt den Magneten anzieht (▷ B 5, V 3).

Ein frei drehbar aufgehängter Magnet (▷ B 1) richtet sich immer so aus, dass die eine Seite nach Norden zeigt, die andere nach Süden.

Die Ausrichtung des Magneten ist dabei immer gleich: Es zeigt immer dieselbe Seite nach Norden. Dieses Verhalten eines frei drehbaren Magneten nutzt man beim Kompass.

Der Pol, der nach Norden zeigt, heißt **Nordpol** des Magneten. Den Pol, der nach Süden zeigt, bezeichnet man als **Südpol**. Damit man die Pole schnell erkennt, sind sie bei den Magneten in der Schule farbig markiert. Die Seite des Nordpols ist meist rot, die Seite des Südpols meist grün lackiert.

Die magnetischen Polgesetze

Zwischen zwei Magneten können anziehende und abstoßende Kräfte auftreten. Der Nordpol des einen Magneten zieht den Südpol des anderen Magneten an und umgekehrt.

Bringt man jedoch die Nordpole zweier Magnete zusammen, tritt eine abstoßende Kraft auf. Gleiches gilt für zwei Südpole. Nähert man dem Nordpol eines Magneten, an dem ein Eisennagel hängt, einen etwa gleich starken Südpol, so heben sich an dieser Stelle die Magnetkräfte auf. Der Eisennagel fällt herab. Die freien Pole der Magnete behalten aber ihre magnetische Wirkung bei.
(► Wechselwirkung, S.158/159)

Ungleichnamige Pole ziehen einander an. Gleichnamige Pole stoßen einander ab.

2 Experimente mit Magneten

3 Ein schwebender Magnet

4 Zu Versuch 2

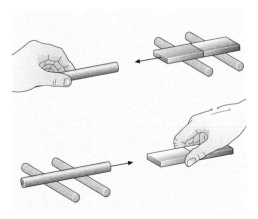

5 Magnet und Eisenstab ziehen sich gegenseitig an.

1 ○ Gib an, wie die beiden Pole eines Magneten heißen.

2 ○ Gib an, mit welchen Farben die Pole eines Magneten in Schulen meist eingefärbt sind.

3 ◔ Begründe, warum der Magnet in Bild 3 schwebt. Tipp: Es gibt zwei Lösungen.

4 ◔ Beschreibe, wie du einen Kompass selbst bauen kannst (▷ B 1).

5 ◔ Beschreibe, wo die Anziehungskraft eines Magneten am stärksten ist.

6 ● Ein aufgehängter Magnet richtet sich in Nord-Süd-Richtung aus. Ziehe eine Schlussfolgerung aus diesem Verhalten.

VERSUCHE

1 Hänge eine Büroklammer an einen Bindfaden. Nähere die Büroklammer einem Magneten. Beobachte und beschreibe.

2 Halte einen Stabmagneten in eine Kiste mit Eisennägeln. Wo am Magneten wirkt die größte magnetische Kraft? Beschreibe.

3 Lege einen Magneten auf zwei runde Hölzer. Nähere einen Eisenstab dem Magneten (▷ B 5). Wiederhole den Versuch. Lege diesmal aber den Eisenstab auf die Hölzer. Notiere deine Beobachtungen.

4 Lege einen Magneten auf eine frei drehbare Halterung oder hänge ihn frei drehbar auf (▷ B 1). Beobachte, was passiert. Markiere eine Seite des Magneten, stoße den Magneten an und beobachte wieder. Beschreibe deine Beobachtungen.

5 Nähere zuerst den Nordpol, anschließend den Südpol eines Magneten einer Kompassnadel. Schreibe deine Beobachtungen in kurzen Sätzen auf.

6 a) Halte den Nordpol eines Magneten an den Südpol eines anderen Magneten.
b) Halte die Nordpole zweier Magnete aneinander.
c) Halte die Südpole zweier Magnete aneinander.
d) Fasse deine Beobachtungen in kurzen Sätzen zusammen.

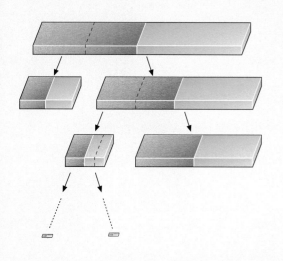

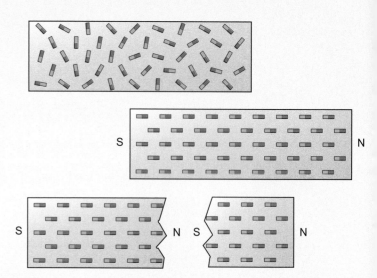

1 Magnete lassen sich teilen – aber nicht beliebig oft. **2** Das Modell der Elementarmagnete

⊚ Modell der Elementarmagnete

Ein Magnet wird geteilt

Magnete können ganz unterschiedliche Formen haben. Aber eines haben alle Magnete gemeinsam: Alle Magnete haben einen Nordpol und einen Südpol.

An den Polen eines Stabmagneten kannst du eine deutliche magnetische Wirkung nachweisen.

Wenn du einen Magneten in mehrere kleine Teile teilst, dann wird jedes Teilstück wieder zu einem Magnet. Jedes Teilstück hat einen Nordpol und einen Südpol (▷ B 1).

Einen einzelnen Nordpol oder einen einzelnen Südpol kann man nicht herstellen.

Um das zu erklären oder um sich vorzustellen, wie es im Inneren eines Magneten aussieht, verwendet man das **Modell der Elementarmagnete**.

Was ist ein Modell?

Du kennst sicherlich eine Modelleisenbahn. Das ist eine Verkleinerung einer Eisenbahn, die durch die Landschaft fährt.

Der Globus ist eine Verkleinerung der Erdkugel, ein Modell der Erde.

Manchmal bilden Modelle das Original aber auch vergrößert ab. Im naturwissenschaftlichen Unterricht lernst du zum Beispiel das Modell einer Blüte kennen. Hier ist das Modell größer als das Original. Das hat den Vorteil, dass man Einzelheiten besser erkennen kann.

Modelle werden aber auch verwendet, wenn man etwas Kompliziertes auf einfache Weise erklären möchte. Das Modell ist dann ein vereinfachtes Bild des Originals. So ist das auch mit dem Modell der Elementarmagnete im Inneren eines Magneten.

Elementarmagnete

Elementarmagnete kannst du dir so vorstellen: Ein Magnet wird immer weiter in kleinere Magnete geteilt. Irgendwann wird der Magnet so klein, dass du ihn nicht weiter teilen kannst. Dieser kleinste Magnet wird als **Elementarmagnet** bezeichnet.

Ungeordnet oder geordnet

In einem unmagnetischen Eisenstück sind die Elementarmagnete ungeordnet (▷ B 2, oben).

Die Elementarmagnete richten sich in eine gemeinsame Richtung aus, wenn man mit einem Magneten darüber streicht (▷ B 2, Mitte). Das Eisenstück hat nun eine magnetische Wirkung.

Du kannst dir jetzt sicherlich erklären, was passiert, wenn man ein magnetisiertes Stück Eisen stark erschüttert: Die Elementarmagnete geraten wieder in Unordnung. Das Eisen verliert seine magnetische Wirkung.

Nie einzelne Pole

Mit dem Modell der Elementarmagnete kannst du dir auch erklären, warum es immer Nordpol und Südpol gibt. In Bild 2 siehst du unten, wie ein Magnet zerteilt wird. Die gemeinsame Richtung der Elementarmagnete sorgt dafür, dass es an der Bruchstelle einen neuen Nordpol und einen neuen Südpol gibt.

Im magnetisierten Eisen sind die Elementarmagnete geordnet. Im unmagnetischen Eisen sind die Elementarmagnete ungeordnet.

AUFGABEN

1 ○ Beschreibe, was man erhält, wenn man einen Magneten in zwei Teile teilt.

2 ○ Beschreibe mit eigenen Worten, was ein Modell ist.

3 ◕ Erkläre, was im Inneren eines Stück Eisen passiert,
a) wenn du mit einem Magneten über das Stück Eisen streichst
b) wenn du mit einem Hammer auf das Stück Eisen schlägst.

4 ◕ Warum ist es nicht möglich, einen einzelnen Pol (Nordpol oder Südpol) herzustellen? Begründe mithilfe von Bild 2.

5 ● Du streichst mit einem Nordpol eines Magneten immer wieder von links nach rechts über ein gerades Stück Eisendraht. Welcher Pol entsteht links und welcher Pol entsteht rechts? Erkläre.

VERSUCH

1 Baue das Modell eines Magneten wie in Bild 3. Nimm dazu einen großen festen Papierstreifen (ca. 60 cm lang und 20 cm breit). Aus kleineren Streifen (ca. 8 cm lang und 2 cm breit) stellst du „kleine Magnete" („Elementarmagnete") her. Färbe die Pole deiner „Elementarmagnete" rot und grün. Verteile sie gleichmäßig auf dem großen Streifen und bringe sie mit Rundkopf-Klammern drehbar an. Wie sieht dein Modell für ein Stück unmagnetisches Eisen aus? Was ändert sich, wenn das Stück Eisen magnetisch wird? Bestimme bei deinem „großen Magneten", wo der Nordpol ist und wo der Südpol ist.

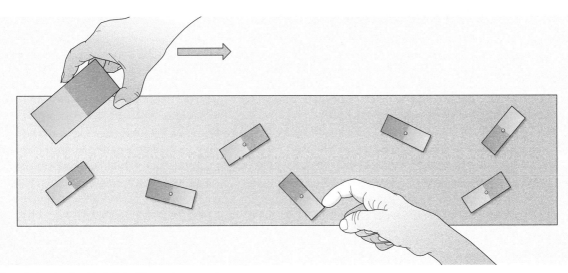

3 Ein selbst gebautes Modell der Elementarmagnete

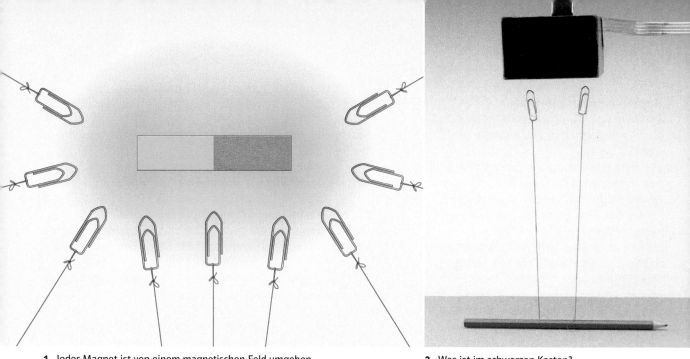

1 Jeder Magnet ist von einem magnetischen Feld umgeben.

2 Was ist im schwarzen Kasten?

⊙ Das magnetische Feld

Wie wird die Magnetkraft übertragen?

Du hast sicherlich schon herausgefunden, dass sich in dem schwarzen Kasten in Bild 2 ein Magnet befindet. Er zieht die Büroklammern an, obwohl er sie nicht berührt. Hast du dich vielleicht schon gefragt, wie das möglich ist?

Wenn du eine Büroklammer einem Magneten von verschiedenen Seiten näherst, dann spürst du die magnetische Wirkung rings um den Magneten (▷ B 1). Allerdings wirst du feststellen, dass die Magnetkräfte nur innerhalb eines bestimmten Abstands auf die Büroklammer wirken.

Je weiter du die Büroklammer vom Magneten entfernst, desto schwächer ist die Magnetkraft. Wenn du anstelle der Büroklammer eine Kompassnadel verwendest, dann kannst du die magnetische Wirkung in noch größeren Entfernungen feststellen. Die Magnetkraft wird mit zunehmender Entfernung vom Magneten immer schwächer.

Der Wirkungsbereich um einen Magneten wird als **magnetisches Feld** oder **Magnetfeld** bezeichnet. Das magnetische Feld ist nicht sichtbar, aber du kannst es an seiner Wirkung auf Gegenstände erkennen, die zum Beispiel Eisen oder Nickel enthalten. Befindet sich ein solcher Gegenstand im Feld eines Magneten, wird er angezogen. (▶ Wechselwirkung, S.158/159)

Winzlinge im Magnetfeld

Wie kannst du dir das magnetische Feld vorstellen? Du kannst dir ein Bild davon machen, indem du winzige Eisenfeilspäne in ein magnetisches Feld bringst. Unter dem Einfluss der Magnetkraft werden die Eisenfeilspäne selbst zu kleinen magnetischen Nadeln und richten sich im magnetischen Feld aus. In den Pol-Bereichen des Stabmagneten scheinen sie in alle Richtungen abzustehen (▷ B 3). Sie hängen aber nicht ungeordnet am Magneten, sondern sind wie bei einer Kette im Bogen aneinandergereiht. Entlang dieser „Ketten" wirkt die magnetische Kraft.

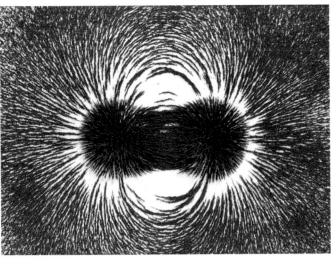

3 Eisenfeilspäne im Feld eines Stabmagneten

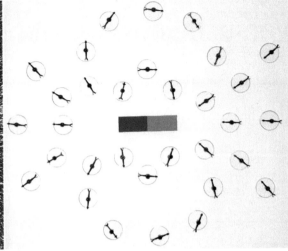

4 Kompassnadeln im Feld eines Stabmagneten

Der Weg zum Magnetpol

Im Bild 4 sind viele kleine Kompassnadeln um einen Stabmagneten herum aufgestellt. Du kannst sehen, dass sich auch diese Nadeln im Magnetfeld ausrichten. Jede Kompassnadel gibt an, in welche Richtung die Magnetkraft an diesem Ort wirkt. Bei genauer Betrachtung erkennst du die bogenförmigen Linien aus Bild 3 wieder.

Ein Magnet ist von einem magnetischen Feld umgeben. Das magnetische Feld erkennt man an seiner Wirkung auf Gegenstände.

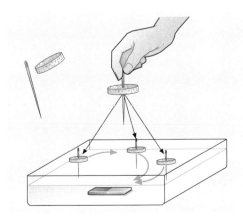

5 Die Bewegung einer magnetisierten Nadel

AUFGABEN

1 ○ Wie nennt man den Wirkungsbereich um einen Magneten? Nenne den Fachbegriff.

2 ○ Beschreibe, woran man erkennt, dass ein Magnet ein magnetisches Feld besitzt.

3 ○ Beschreibe, was mit Eisenfeilspänen passiert, wenn sie in ein magnetisches Feld gelangen.

4 ◕ Michael lässt eine Eisenkugel in alle mögliche Richtungen über einen Holz-Tisch rollen, ohne die Eisenkugel zu berühren. Erkläre seinen Trick.

5 ◕ Vergleiche Bild 3 und Bild 4. Beschreibe die Gemeinsamkeiten.

6 ● Mache das Magnetfeld eines Hufeisenmagneten sichtbar und beschreibe, wie das Magnetfeld aussieht.

VERSUCH

1 Führe den Versuch durch wie in Bild 5: Lege einen Stabmagneten in eine Wasserschale. Magnetisiere eine Nadel, stecke sie durch eine Korkscheibe und setze sie an verschiedenen Stellen auf das Wasser. Beobachte die Nadel und beschreibe den Weg, auf dem sie sich zu den Polen des Magneten bewegt.

113

Versuche mit Kräften

1 Knetkugeln mit verschiedenen Aufprall-
flächen

Wenn schwere Hanteln und
Gewichte auf und ab gestemmt
werden, kann das nur deshalb geschehen, weil Muskeln erstaunliche
Kräfte entwickeln. Kräfte wirken
auch dort, wo wir dies auf den ersten Blick gar nicht wahrnehmen.

1 Verformung von Körpern
Material
Draht, Bleistift, Luftballon, Knete,
Nähgarn, Walnuss, verschiedene
Massestücke

Versuchsanleitung
Du sollst verschiedene Körper
mithilfe von Kräften verformen.
Beobachte und beschreibe, ob die
Verformung des Körpers dauerhaft
ist oder ob der Körper wieder seine
alte Form annimmt.
a) Wickle einen Draht spiralförmig
um einen Bleistift.
b) Puste einen Luftballon auf und
verknote die Öffnung. Lege nun
verschiedene Gegenstände auf den
Luftballon, z. B. ein Buch oder ein
1-kg-Massestück.

c) Forme aus Knete eine Kugel.
Lass anschließend die Knetkugel
aus verschiedenen Höhen auf den
Boden fallen.
d) Binde einen Faden des Näh-
garns an einem Stuhl fest. Zieh
den Faden mit deiner Hand straff.
Hänge nun mehrere gleiche Massestücke an den Faden. Wie viele
Massestücke kann der Faden halten? Bei wie vielen Massestücken
reißt der Faden? Notiere dies.
e) Versuche eine Walnuss mit deinen Händen zu zerdrücken.

2 Krafteinwirkung auf eine Kugel
Material
Stahlkugel, Stabmagnet

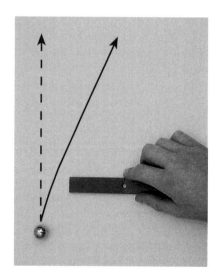

2 Richtungsänderung

Versuchsanleitung
Lass die Kugel gerade und langsam über den Tisch rollen. Benutze
nun den Stabmagneten, um die
Bewegung der Kugel zu ändern.
Skizziere deine Beobachtungen für
die folgenden Aufträge:

a) Die Kugel soll ihre Richtung
ändern.
b) Die Kugel soll schneller werden.
c) Die Kugel soll langsamer werden.

3 Crashtest an einer Mauer
Material
Knete, Spielzeugauto (oder Kugel),
Brett

Versuchsanleitung
a) Das Spielzeugauto soll auf dem
Brett nach unten rollen können.
Erhöhe hierzu ein Ende des Bretts,
z. B. mit Büchern. Baue aus Knete
eine Mauer und stelle sie in etwa
15 cm Entfernung vor dem Brett
auf.
Lass nun das Spielzeugauto auf
dem Brett nach unten rollen und
gegen die Knetmauer fahren.
Welche Verformungen kannst du
beobachten? Beschreibe.
b) Was kannst du am Versuchsaufbau ändern? Probiere verschiedene
Einstellungen aus.
c) Formuliere deine Ergebnisse in
Je-desto-Sätzen.

3 Crashtest

1 Wirkungen von Kräften

Kräfte und ihre Wirkungen

Kräfte kannst du nicht sehen. Du kannst Kräfte nur an ihren Wirkungen erkennen. Einige Beispiele dafür siehst du in Bild 1.

Kräfte können Gegenstände verformen
Mit der Kraft deiner Hände kannst du einen Gummiball und eine Knetkugel verformen. Sobald die Kraft nicht mehr wirkt, nimmt der Gummiball wieder seine ursprüngliche Form an (▷ B 2). Die Knetkugel dagegen behält ihre Verformung (▷ B 2). Auch die Verformungen eines Autos bei einem Unfall bleiben erhalten.

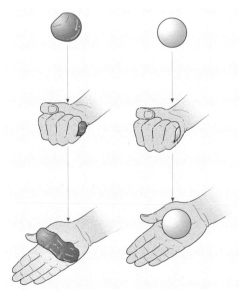

2 Dauerhafte und nicht-dauerhafte Verformung

Kräfte können Bewegungen verändern
Beim Radfahren musst du Kraft aufbringen, um schneller zu werden: Du musst stärker in die Pedale treten. Wenn eine Kraft auf einen Gegenstand wirkt, dann kann er schneller werden. Der Gegenstand wird dann beschleunigt. Beim Radfahren musst du aber auch Kraft aufbringen, um im Notfall anzuhalten: Deine Muskelkraft wirkt über den Seilzug auf die Bremse. Das Fahrrad wird langsamer. Es wird abgebremst. Kräfte können Gegenstände abbremsen. Erfasst dich auf deinem Fahrrad der Wind von der Seite, dann verändert sich deine Fahrtrichtung, wenn du nicht dagegen lenkst. Eine Kraft kann die Bewegungsrichtung eines Gegenstands verändern. (▶ Wechselwirkung, S.158/159)

Kräfte erkennt man an ihren Wirkungen. Kräfte können Gegenstände verformen, beschleunigen, abbremsen oder die Bewegungsrichtung verändern.

AUFGABEN

1 ○ Zähle auf, woran du Kräfte erkennst.

2 ◔ Erkläre, welche Wirkungen die Kräfte in Bild 1 haben.

3 ● Beurteile, ob die Vorstellungskraft eine physikalische Kraft ist.

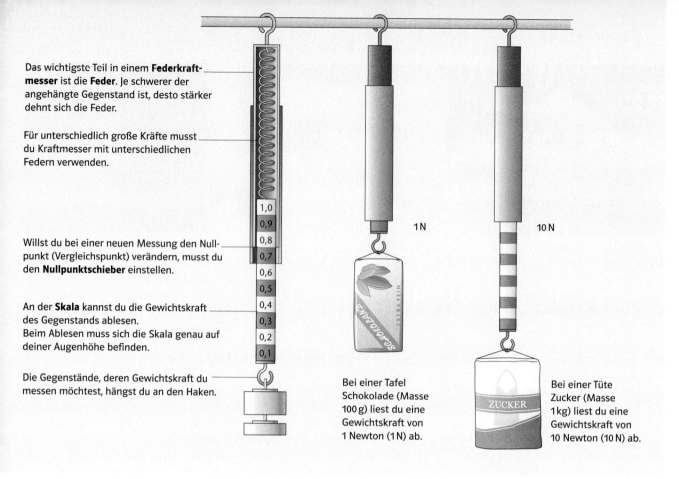

Das wichtigste Teil in einem **Federkraftmesser** ist die **Feder**. Je schwerer der
angehängte Gegenstand ist, desto stärker
dehnt sich die Feder.

Für unterschiedlich große Kräfte musst
du Kraftmesser mit unterschiedlichen
Federn verwenden.

Willst du bei einer neuen Messung den Nullpunkt (Vergleichspunkt) verändern, musst du
den **Nullpunktschieber** einstellen.

An der **Skala** kannst du die Gewichtskraft
des Gegenstands ablesen.
Beim Ablesen muss sich die Skala genau auf
deiner Augenhöhe befinden.

Die Gegenstände, deren Gewichtskraft du
messen möchtest, hängst du an den Haken.

1 N

10 N

Bei einer Tafel
Schokolade (Masse
100 g) liest du eine
Gewichtskraft von
1 Newton (1 N) ab.

Bei einer Tüte
Zucker (Masse
1 kg) liest du eine
Gewichtskraft von
10 Newton (10 N) ab.

1 Kraftmesser im Einsatz

⊙ Kräfte messen

Die Erde übt auf alles eine Kraft aus. Diese
Kraft wirkt nach unten und wird **Gewichts-
kraft** genannt. Du kannst sie mit einem
Federkraftmesser messen (▷ B 1).

Formelzeichen und Einheit der Kraft
Das Formelzeichen für die Kraft ist F. Ihre
Einheit ist das Newton (abgekürzt: N). Sie
ist benannt nach dem englischen Physiker
Isaac Newton (1643 – 1727).

Beispiel: An einem Federkraftmesser hängt
ein Heft und auf der Skala wird 2 N abgelesen. Eine richtige Aussage für diesen
Sachverhalt ist: „Die Gewichtskraft des
Hefts ist 2 Newton." Dafür kann man auch
schreiben: $F = 2$ N.

Die Gewichtskraft von Gegenständen kann
man mit einem Federkraftmesser messen.
Die Kraft hat das Formelzeichen F und die
Einheit Newton (N).

AUFGABEN

1 ○ Was ist das wichtigste Teil in einem
Federkraftmesser? Nenne es.

2 ◑ Beschreibe, wie ein Federkraftmesser funktioniert.

3 ◑ Werden Federkraftmesser verwendet, muss oft der Nullpunkt eingestellt
werden. Dies ist nötig, damit man
korrekt ablesen kann. Erkläre dies.

⊚ Kraftmesser im Einsatz

Kräfte kannst du mithilfe der unterschiedlichen Dehnungen von Federn messen.

1 Die Gewichtskraft wird gemessen
Material
mehrere Federkraftmesser mit unterschiedlichen Messbereichen, verschiedene Gegenstände aus deiner Schultasche, Faden

Versuchsanleitung
a) Halte den Federkraftmesser senkrecht. Überprüfe, ob die äußere Hülse des Federkraftmessers genau auf Null steht. Die Hülse läßt sich nach oben und unten verschieben.
b) Wähle für die Gegenstände den passenden Federkraftmesser aus. Schätze dies vorher ab und probiere vorsichtig aus.

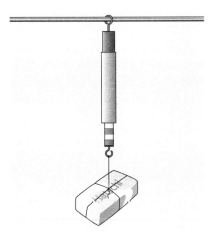

1 Zu Versuch 1

c) Hänge nun die verschiedenen Gegenstände an den Haken, um die Gewichtskraft der Gegenstände zu bestimmen. Mit dem

Faden kannst du die Gegenstände verschnüren, um sie besser an den Haken zu hängen (▷ B 1).
d) Zeichne den Versuchsaufbau ab. Notiere in einer Tabelle die gemessenen Gewichtskräfte.

2 Die Zugkraft wird gemessen
Material
mehrere Federkraftmesser mit unterschiedlichen Messbereichen, verschiedene Gegenstände, Geschirrtuch

2 Zu Versuch 2

Versuchsanleitung
a) Halte den Federkraftmesser waagerecht (▷ B 2). Befestige verschiedene Gegenstände (z. B. ein Mäppchen, ein Buch, Hefte) am Haken des Federkraftmessers.
b) Ziehe die Gegenstände langsam über den Tisch. An der Skala kannst du nun die so genannte Zugkraft ablesen.
Gegenstände, die nicht an dem Haken befestigt werden können, kannst du auf das Geschirrtuch legen. Das Tuch befestigst du dann am Haken des Federkraftmessers. Achte bei der Versuchsdurchführung auf einen geeigneten Messbereich.
c) Notiere deine Messergebnisse in einer Tabelle. Vergleiche die Ergebnisse.

3 Die Schubkraft soll gemessen werden
Material
unterschiedliche Federn, verschiedene Gegenstände

Versuchsanleitung
a) Schiebe verschiedene Gegenstände über den Tisch. Achte darauf, dass du schiebst und nicht ziehst. Die Kraft, die du beim Schieben aufwendest, nennt man Schubkraft.
Wie kannst du mit den Federn feststellen, ob du eine kleine oder eine große Schubkraft aufwendest? Beschreibe dein Vorgehen.
b) Ergänze folgenden Satz: „Je stärker du die Feder ..."

3 Federkraftmesser

Verschiedene Kräfte

**Start einer Rakete –
der Countdown läuft** (▷ B 1)
Die letzten Sekunden vor dem
Start der Rakete werden herunter-
gezählt. Aufregung und Spannung
herrscht bei allen Beteiligten.
10-9-8-...-3-2-1-0-Start. Die Rakete
hebt ab und schießt in den Himmel. Eine Rakete kann nur abheben, wenn die Schubkraft der
Triebwerke größer ist als die Gewichtskraft der Rakete. Eine Rakete
erzeugt beim Start eine Schubkraft
von rund 40 000 000 Newton.
Flugzeuge heben meistens nicht
senkrecht ab, sondern benötigen
zum Abheben eine Startbahn. Sie
gewinnen in einer schrägen Flug-
bahn an Höhe. Aus diesem Grund
muss die Schubkraft der Triebwerke nur einen Bruchteil der eigenen
Gewichtskraft betragen. Das Trieb-
werk eines Passagierflugzeugs
erzeugt beim Start eine Schubkraft
von rund 200 000 N.

Bogenschießen (▷ B 2)
Die Ritter im Mittelalter benutzten
Pfeil und Bogen als Waffe. Heute
ist das Bogenschießen eine olympi-
sche Sportart.
Spannt ein Bogenschütze die Seh-
ne, so muss er eine Zugkraft von
rund 300 N aufbringen.

Zugkraft von Pferden (▷ B 5)
Menschen verwenden Pferde zum
Arbeitseinsatz, auch heute noch.
Bauern setzen die Pferde ein, um
die Landmaschinen auf dem Acker
zu ziehen.
Holzfäller benutzen Pferde, um
gefällte Bäume aus den Wäldern
herauszuziehen. Außerdem ziehen
Pferde Kutschen.
Mit wie viel Kraft kann ein Pferd
ziehen?
Bei langsamer Schrittgeschwindig-
keit kann ein Pferd mit einer Zugkraft von 1000 N ziehen, kurzfristig
auch mit 10 000 N.

Gewichtheben (▷ B 4)
Beim Gewichtheben müssen die
Athleten die Hantel über den Kopf
hoch strecken. Je nach Gewicht der
Hantel müssen die Athleten eine
Kraft von bis zu 2 600 N aufbringen.

Kräfte bei einem Autounfall (▷ B 3)
Im Straßenverkehr kommt es immer wieder zu schweren Unfällen.
Damit die Verletzungen bei den
Unfällen nicht so stark sind, haben
die Autohersteller Sicherheitssysteme für die Insassen eines Autos
entwickelt. Gurte, Knautschzonen
und Airbags sind die wichtigsten
Sicherheitssysteme in Autos.
Kommt es zu einem Unfall, dann
wirken enorme Kräfte auf die
Insassen: Die Kräfte betragen bis
zum 25-Fachen der Gewichtskraft
deines eigenen Körpers. Zum
Vergleich: Das ist die Kraft, die du
spürst, wenn 25 „Zwillingsbrüder"
auf dir liegen würden.

Kräfte in der Natur

Kräfte des Winds

In vielen Gegenden der Erde richten Orkane, Taifune, Hurrikans, Zyklone und Tornados regelmäßig große Schäden an: Ziegel werden von den Häusern weggeweht, ganze Bäume entwurzelt und Strommasten abgeknickt.

Kräfte im Inneren der Erde

Im Inneren der Erde wirken gewaltige Kräfte. Im Pazifik z.B. verschieben sich zwei Erdplatten gegeneinander. Diese ständige Bewegung ist zwar nicht besonders groß. Sie beträgt ungefähr 10 cm pro Jahr. Bei dieser Verschiebung verhaken sich aber manchmal die Platten und es kommt zu enormen Spannungen. Irgendwann ist diese Spannung so groß, dass sich die Platten schlagartig verschieben. Unter dem Meeresboden entsteht ein starkes Erdbeben. Gewaltige Wassermassen kommen in Bewegung. Es entstehen Tsunami-Wellen, die sich über das Meer ausbreiten und an Land zu riesigen Verwüstungen führen. Dies ist 2011 vor der Küste Japans geschehen.

Kräfte des Wassers

Zwischen der Erde und dem Mond gibt es Anziehungskräfte (Gravitationskräfte). Diese Anziehungskräfte bewirken an den Meeresküsten ein Absenken und ein Ansteigen des Wasserspiegels. Man nennt dies Ebbe und Flut.

Weht ein besonders starker Wind in Richtung Land, dann werden die Wassermassen besonders groß: Eine Sturmflut entsteht. Diese Sturmflut kann in den Küstenregionen zu starken Überschwemmungen führen, vor allem wenn die Deiche brechen.

Kräfte von Lawinen

Wenn im Winter in den Bergen Schnee fällt, dann kommt es zu meterhohen Schneeschichten. Große Schneemassen können sich lösen und zu Tal gleiten. Im Tal richten sie dann enorme Schäden an. Häuser und Straßen werden zerstört.

AUFGABEN

1 ● Recherchiere im Internet, was der Unterschied zwischen Orkanen, Taifunen, Hurrikans, Zyklonen und Tornados ist.

2 ● Recherchiere die Namen der großen Erdplatten. Benutze dazu geeignete Informationsquellen.

3 ● Erstelle eine Tabelle der schweren Sturmfluten an der Nordsee der letzten 100 Jahre. Recherchiere dazu im Internet.

1 Hurrikan aus dem Weltraum betrachtet

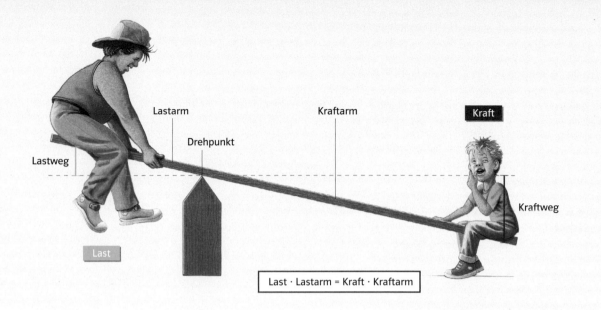

Last · Lastarm = Kraft · Kraftarm

1 Auf die richtige Platzierung kommt es an.

⊙ Der Hebel – ein praktischer Helfer

Auf der Wippe

Fast auf jedem Spielplatz befindet sich eine Wippe. Kinder sitzen an je einem Ende der Wippe und können miteinander „schaukeln".

Physikalisch betrachtet ist eine Wippe ein **Hebel**. Jeder Hebel hat einen **Drehpunkt**. Alle Griffe oder Stangen, die drehbar gelagert sind, bezeichnet man als Hebel.

Bei der Wippe gibt es links und rechts vom Drehpunkt einen **Hebelarm**. Die Wippe ist deshalb ein **zweiseitiger Hebel**.

Gleichgewicht an der Wippe

Eine Wippe ist im Gleichgewicht, wenn auf beiden Seiten in gleicher Entfernung vom Drehpunkt gleich schwere Kinder sitzen. Aber auch wenn die Kinder unterschiedlich schwer sind, kann man die Wippe ins Gleichgewicht bringen. Das hast du sicher schon einmal ausprobiert: Das schwerere Kind rutscht einfach näher an den Drehpunkt heran (▷ B 4).

Der Hebel als Kraftwandler

Auf einer Wippe hast du bestimmt schon beobachtet, dass ein kleiner Junge einen großen Jungen anheben kann (▷ B 1). Wie funktioniert das? Mit ihrem Gewicht üben die Kinder auf der Wippe eine Kraft nach unten aus. Der kleinere und leichtere Junge übt mit seinem Körpergewicht weniger Kraft aus als der große Junge. Der kleinere Junge sitzt aber weiter vom Drehpunkt weg. Deshalb kann der kleine Junge den großen Jungen anheben.

Hebel können also Kräfte verändern. Man sagt deshalb auch: Hebel sind **Kraftwandler**. Am Beispiel des kleinen Jungen erkennst du: Mit einem Hebel kann Kraft gespart werden. Je länger ein Hebelarm wird, desto kleiner wird der Kraftaufwand.

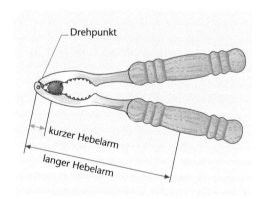

2 Der Nussknacker ist ein Hebel.

Eine harte Nuss ist zu knacken

Willst du eine Nuss zerdrücken, reicht deine Muskelkraft alleine nicht aus. Du brauchst ein geeignetes Werkzeug dazu. Am besten eignet sich ein Nussknacker. Beim Nussknacker befindet sich der Drehpunkt ganz am Ende des Hebels (▷ B 2). Es gibt einen kurzen und einen langen Hebelarm beim Nussknacker.

Der einseitige Hebel

Befinden sich die beiden Hebelarme auf derselben Seite vom Drehpunkt, so spricht man von einem **einseitigen Hebel**. Beispiele für einen einseitigen Hebel sind der Nussknacker (▷ B 2) und die Schubkarre (▷ B 3).

Anwendung von Hebeln

Bei vielen Werkzeugen wird die Kraftwandlung von Hebeln ausgenutzt. Der Schraubenschlüssel und die Kneifzange sind Beispiele für Werkzeuge mit Hebeln. Durch eine Verlängerung des Griffs wird der Kraftaufwand für den Handwerker geringer.

Ein Hebel besteht aus einem Drehpunkt und zwei Hebelarmen. Es gibt einseitige und zweiseitige Hebel.

Mit einem Hebel kann Kraft gespart werden. Je länger ein Hebelarm wird, desto kleiner ist der Kraftaufwand.

4 Eine Wippe im Gleichgewicht

AUFGABEN

1 ○ Nenne Werkzeuge und Geräte, bei denen es Hebel gibt.

2 ○ Nenne die Bestandteile eines Hebels.

3 ◕ Kneifzange, Schubkarre (▷ B 3) und Nussknacker (▷ B 2) sind Beispiele für Hebel. Handelt es sich jeweils um einen einseitigen oder zweiseitigen Hebel? Begründe deine Entscheidung.

4 ◕ Beurteile, ob ein Flaschenöffner ein Hebel ist.

5 ● Schrauben werden mit einem Schraubenschlüssel gelöst. Sitzt eine Schraube besonders fest, dann hilft ein Eisenrohr. Erstelle eine Skizze dazu und erkläre die Handhabung.

VERSUCH

1 a) Baue mit einem Bleistift und einem Lineal eine Wippe nach. Lege auf die eine Seite des Lineals immer die doppelte Anzahl von Münzen als auf die andere Seite. Bringe durch Verschieben der Münzen den Hebel in das Gleichgewicht.
b) Notiere die Anzahl der Münzen und den Abstand zum Drehpunkt auf der linken und der rechten Seite des Lineals.
c) Formuliere dein Versuchsergebnis mit Je-desto-Sätzen.
d) „Je länger der Hebelarm, desto kleiner ist der Kraftaufwand." Überprüfe mit Lineal und Münzen, ob diese Aussage stimmt.
e) Präsentiere den Versuch und deine Ergebnisse.

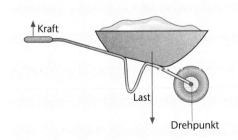

3 Schubkarren erleichtern den Transport schwerer Lasten.

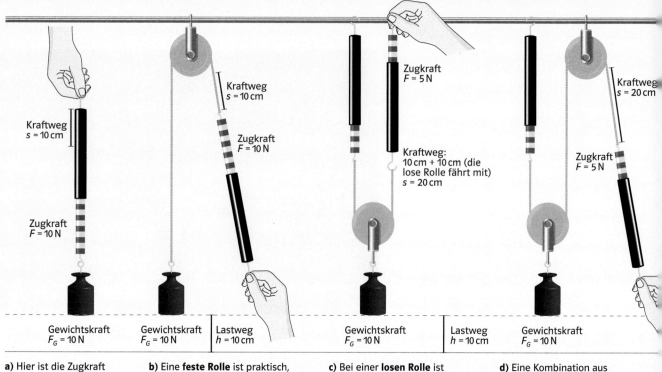

a) Kraftweg $s = 10\,\text{cm}$ · Zugkraft $F = 10\,\text{N}$ · Gewichtskraft $F_G = 10\,\text{N}$

b) Kraftweg $s = 10\,\text{cm}$ · Zugkraft $F = 10\,\text{N}$ · Gewichtskraft $F_G = 10\,\text{N}$ · Lastweg $h = 10\,\text{cm}$

c) Zugkraft $F = 5\,\text{N}$ · Kraftweg: $10\,\text{cm} + 10\,\text{cm}$ (die lose Rolle fährt mit) $s = 20\,\text{cm}$ · Gewichtskraft $F_G = 10\,\text{N}$ · Lastweg $h = 10\,\text{cm}$

d) Kraftweg $s = 20\,\text{cm}$ · Zugkraft $F = 5\,\text{N}$ · Gewichtskraft $F_G = 10\,\text{N}$

a) Hier ist die Zugkraft gleich der Gewichtskraft.

b) Eine **feste Rolle** ist praktisch, denn eine feste Rolle ändert die Richtung einer Kraft. Die Zugkraft ist aber immer genauso groß wie die Gewichtskraft. Der Kraftweg ist genauso lang wie der Lastweg.

c) Bei einer **losen Rolle** ist die Zugkraft nur noch halb so groß wie die Gewichtskraft. Man spart also Kraft. Dafür verdoppelt sich der Kraftweg.

d) Eine Kombination aus einer festen Rolle und einer losen Rolle spart auch die Hälfte der Zugkraft. Jetzt kann man aber nach unten ziehen.

1 Feste Rollen, lose Rollen und Flaschenzüge

Rolle und Flaschenzug

Seil und Rolle

Der Raum unter dem Dach wurde früher häufig als Lagerraum genutzt. Das Hochtragen der Gegenstände über die Treppe war aber oft sehr mühsam. Ein „Aufzug" brachte Erleichterung. Der „Aufzug" von damals sah allerdings anders aus als die Aufzüge, die du heute kennst: Unter dem Dach ragte ein dicker Balken hervor. Daran war eine **Rolle** mit einem Seil befestigt (▷ B 3). Wenn das Seil nach unten gezogen wurde, dann konnten die Gegenstände am anderen Seilende nach oben gehoben werden.

Rollen und Flaschenzüge

Man unterscheidet **feste Rollen** (▷ B 1b) und **lose Rollen** (▷ B 1c). In Bild 1 siehst du, dass man mit losen Rollen Kraft sparen kann. Eine Kombination aus festen und losen Rollen nennt man **Flaschenzug**.

Mit losen Rollen und Flaschenzügen kann man Kraft sparen. Dafür muss man aber einen entsprechend längeren Weg zurücklegen.

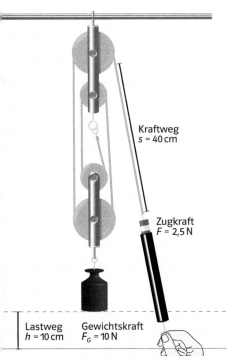

Kraftweg
$s = 40\,cm$

Zugkraft
$F = 2,5\,N$

Lastweg | Gewichtskraft
$h = 10\,cm$ | $F_G = 10\,N$

e) Kombinationen aus losen Rollen und festen Rollen nennt man **Flaschenzüge**. Hier siehst du einen Flaschenzug aus zwei losen und zwei festen Rollen. Hier beträgt die Zugkraft nur noch ein Viertel der Gewichtskraft. Der Kraftweg ist dafür viermal so lang.

3 Feste Rolle an einer Hauswand: Es wird zwar keine Kraft gespart, aber die Richtung der Kraft wird geändert. Das ist praktisch.

AUFGABEN

1 ○ Beschreibe den Unterschied zwischen einer festen und einer losen Rolle.

2 ○ Beschreibe, was ein Flaschenzug ist.

3 ◕ Formuliere zwei Je-desto-Sätze für den Flaschenzug.

4 ◕ Skizziere einen Flaschenzug mit drei festen und drei losen Rollen.

5 ◖ Beschreibe drei Beispiele aus dem Alltag, bei denen Flaschenzüge eingesetzt werden.

6 ● Entwickle einen Flaschenzug, bei dem die Zugkraft nur ein Drittel der Gewichtskraft des Gegenstands beträgt.

7 ● Woher hat der Flaschenzug seinen Namen? Recherchiere.

VERSUCHE

1 Baue die Versuche aus Bild 1a – 1e einzeln nach. Verwende wie in Bild 1 ein Massestück von 1 Kilogramm (also mit einer Gewichtskraft von 10 Newton). Notiere Gewichtskraft, Zugkraft, Lastweg und Kraftweg in einer Tabelle.

2 Baue erneut die Versuche 1a – 1e einzeln nach. Verwende nun aber ein Massestück von 500 g. Notiere die neuen Ergebnisse in einer Tabelle.

2 Auf Segelschiffen gibt es Rollen und Flaschenzüge.

Zusammenfassung

1 Eine Wippe im Gleichgewicht

Größen in der Naturwissenschaft
Für viele Größen wurde ein Maß festgelegt, so z. B. für die Länge, das Volumen, die Masse und die Zeit. Für jede Größe gibt es eigene Messgeräte.

Volumen und Masse
Feste, flüssige und gasförmige Körper brauchen Platz, sie haben ein Volumen. Das Volumen flüssiger Körper bestimmt man mit einem Messgefäß. Bei der Überlauf- oder der Differenzmethode kann man mithilfe eines Umwegs das Volumen fester Köper ermittelt.

Eigenschaften von Magneten
Ein Magnet zieht Gegenstände an, die beispielsweise aus Eisen oder Nickel bestehen. Magnete können ihre magnetische Wirkung verlieren, wenn sie starker Hitze, starken Erschütterungen oder einem starken Magneten ausgesetzt sind.

Magnetpole
Jeder Magnet hat einen Nordpol und einen Südpol. Im Bereich der Pole ist die Magnetkraft am größten. Wird ein Magnet geteilt, so entstehen neue Magnete mit eigenem Nord- und Südpol.

Anziehung und Abstoßung
Zwischen Magneten können anziehende und abstoßende Kräfte auftreten: Ungleichnamige Magnetpole ziehen einander an, gleichnamige Pole stoßen einander ab.

Das Magnetfeld
Das Magnetfeld (magnetisches Feld) ist der Wirkungsbereich eines Magneten. Das Magnetfeld kann man mit Eisenfeilspänen sichtbar machen.

Kräfte
Kräfte können einen Gegenstand verformen, beschleunigen, abbremsen oder seine Bewegungsrichtung ändern. Kräfte können mit einem Federkraftmesser gemessen werden. Die Kraft wird mit dem Formelzeichen F abgekürzt. Die Kraft hat die Einheit Newton (N).

Hebel
Bei einem einseitigen Hebel sind die beiden Hebelarme auf der gleichen Seite vom Drehpunkt. Bei einem zweiseitigen Hebel sind die Hebelarme links und rechts vom Drehpunkt. Hebel können die Größe einer Kraft verändern. Deshalb sind viele Werkzeuge als Hebel aufgebaut.

Rollen
Eine feste Rolle kann die Richtung einer Kraft verändern. Die Zugkraft ist genauso groß wie die Gewichtskraft des Gegenstands, den man anheben möchte. Bei einer losen Rolle ist die Zugkraft nur halb so groß wie die Gewichtskraft des Gegenstands.

Flaschenzug
Ein Flaschenzug besteht aus mehreren festen und losen Rollen. Mit einem Flaschenzug kann man Kraft sparen. Dafür muss man einen längeren Weg zurücklegen.

1 ○ Woran kannst du Kräfte erkennen? Beschreibe.

👍 Super! ❓ ► S.115

2 ○ Beschreibe, wie du einen Federkraftmesser benutzt.

👍 Super! ❓ ► S.116

3 ○ Eine Schraubenfeder wird von einem 100 g-Wägestück genau 15 cm gedehnt. Berechne, wie weit ein 300 g-Wägestück diese Feder dehnt.

👍 Super! ❓ ► S.116

4 ○ Was ist ein Hebel? Beschreibe.

👍 Super! ❓ ► S.120/121

5 ○ Zähle zwei Beispiele für Stoffe auf, die ein Magnet anzieht.

👍 Super! ❓ ► S.107

6 Beschreibe, was passiert, wenn du
○ a) die Nordpole zweier Magnete einander näherst,
○ b) die Südpole zweier Magnete einander näherst,
○ c) den Nordpol eines Magneten dem Südpol eines anderen Magneten näherst.

👍 Super! ❓ ► S.108/109

7 ◔ Wie kann man feststellen, dass ein Magnet von einem magnetischen Feld umgeben ist? Beschreibe.

👍 Super! ❓ ► S.112/113

8 ◔ Beschreibe für folgende Beispiele, welche Wirkungen die Kraft jeweils hat:
a) ein Handballer fängt den Ball
b) eine Eisenkugel rollt über einen Tisch, an einem Magneten vorbei
c) eine Schneekugel rollt einen Abhang hinunter und prallt gegen einen Baum
d) Opa setzt sich in einen Sessel
e) ein Flugzeug landet

👍 Super! ❓ ► S.115, 118

9 Ein Flaschenzug besteht aus 2 losen Rollen, also gibt es 4 tragende Seilstücke. Der Flaschenzug soll 2400 Newton um 2 Meter anheben.
◔ a) Bestimme den Kraftweg und die Kraft, die er aufwenden soll.
● b) Bestimme den Kraftweg und die Kraft, wenn der Flaschenzug aus 3 losen Rollen besteht.

👍 Super! ❓ ► S.122/123

10 Im Alltag helfen uns immer wieder kleinere Geräte, z. B. der Nussknacker.
● a) Bestimme zu welcher Hebelart der Nussknacker gehört. Erkläre, wie ein Nussknacker funktioniert.
● b) Suche im Haushalt, z. B. beim Werkzeug, weitere Helfer und bestimme deren Hebelart. Beschreibe anschließend, wie sie funktionieren.

👍 Super! ❓ ► S.120/121

► Musterlösungen auf den Seiten 162–163 **125**

5 Elektrizität und ihre Wirkungen

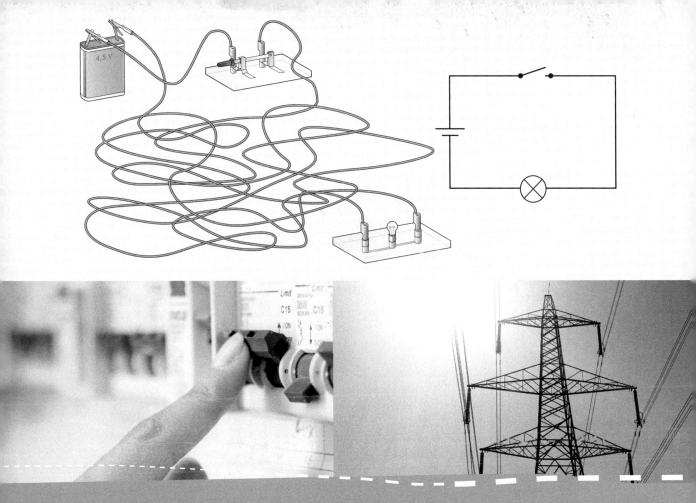

- **Was ist eigentlich elektrischer Strom?**

- **Was kann der elektrische Strom?**

- **Wie kann man Stromkreise übersichtlich zeichnen?**

- **Wie können wir uns vor den Gefahren des elektrischen Stroms schützen?**

Elektrische Geräte richtig anschließen

Elektrische Geräte benutzt du jeden Tag ganz selbstverständlich. Aber welche Voraussetzungen müssen erfüllt sein, damit ein Gerät auch funktioniert? In den folgenden Versuchen kannst du es selbst herausfinden. Beachte die Versuchsanweisungen.

Vorsicht: Experimentiere niemals mit elektrischem Strom direkt aus der Steckdose!

1 Der einfache Stromkreis
Material
Flachbatterie (4,5 V), Kabel, Glühlampe (3,8 V) mit Fassung, Glühlampe eines Fahrrads mit Fassung, Haushaltsglühlampe mit Fassung

Versuchsanleitung
a) Bringe mithilfe der Batterie und der Kabel die Glühlampe (3,8 V) zum Leuchten (▷ B 1).
b) Vertausche die Kabel an der Fassung. Beobachte und notiere, was passiert.
c) Schließe nun zunächst eine Fahrradlampe und anschließend eine Haushaltsglühlampe an die Batterie an. Beobachte und notiere die Veränderungen.

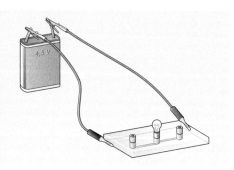

1 Wann leuchtet die Lampe?

2 Elektromotor

2 Der Elektromotor
Material
Flachbatterie (4,5 V), Solarzellen, Elektromotor, Glühlampe (3,8 V) mit Fassung, Kabel, starke Lichtquelle (z. B. helles Sonnenlicht oder Taschenlampe)

Versuchsanleitung
a) Schließe die Glühlampe an die Batterie an und bringe sie zum Leuchten. Vertausche die Kabel an der Fassung. Notiere deine Beobachtungen.
b) Ersetze die Glühlampe durch den Elektromotor (▷ B 2) und bringe ihn zum Laufen. Vertausche die Kabel an den Anschlüssen. Beobachte und notiere die Veränderungen.
c) Ersetze die Batterie durch die Solarzellen. Bringe den Motor mithilfe einer Lichtquelle (Sonne, Taschenlampe) zum Laufen. Verändere die Beleuchtung (Abstand, Helligkeit, Richtung). Beobachte und notiere die Auswirkungen.

3 Anschluss der Lampe an den Dynamo

3 Der Dynamo
Material
Glühlampe (z. B. 3,8 V), Fahrraddynamo, Kabel

Versuchsanleitung
Schließe die Lampe an den Fahrraddynamo an (▷ B 3). Bringe die Lampe zum Leuchten. Verändere die Drehrichtung und die Drehgeschwindigkeit des Dynamos. Beobachte und notiere die Auswirkungen.

AUFGABEN

1 ⊖ Vergleiche die Ergebnisse aller Versuche: Welche Bedingungen müssen erfüllt sein, damit ein elektrischer Stromkreis funktioniert?

2 ⊖ Vergleiche Solarzelle, Batterie und Dynamo miteinander. Zähle Vorteile und Nachteile dieser Spannungsquellen auf.

⊙ Der einfache Stromkreis

Ein Tag ohne Elektrogeräte?
Elektrische Geräte erleichtern unser Leben.
Musik hören, Haare trocknen oder den
Computer benutzen – ohne elektrische Ge-
räte ist unser Alltag nicht mehr vorstellbar.

Elektrische Geräte anschließen
Elektrische Geräte müssen mit Strom
versorgt werden. Dazu brauchst du eine
Spannungsquelle. Oft reicht eine Batterie.
Haushaltsgeräte hingegen werden an die
Steckdose angeschlossen, die mit einem
Kraftwerk verbunden ist. Der Strom aus der
Steckdose ist lebensgefährlich – experi-
mentiere niemals damit! Andere Beispiele
für Spannungsquellen sind Dynamo und
Solarzelle. Jede Spannungsquelle hat zwei
Anschlüsse. Hier werden die Geräte ange-
schlossen.

Die richtige Polung
Bei Batterien heißen die Anschlüsse
Pluspol (+) und **Minuspol** (–). Bei vielen
elektrischen Geräten ist die richtige **Polung**
wichtig: Manche Elektromotoren ändern
zum Beispiel ihre Drehrichtung, wenn du
die Pole vertauschst. Andere Geräte funktionieren bei falscher Polung gar nicht oder
können zerstört werden.

Der elektrische Stromkreis
Elektrische Geräte können nur funktio-
nieren, wenn sie Teil eines geschlossenen
Stromkreises sind (▷ B1): Beide Pole der
Spannungsquelle müssen mit dem Gerät
verbunden sein.
Oft wird in den Stromkreis noch ein
Schalter eingebaut. Damit kannst du den
Stromkreis bei Bedarf unterbrechen oder
schließen. (► System, S. 152/153)

Ein elektrisches Gerät funktioniert nur,
wenn es an eine geeignete Spannungs-
quelle angeschlossen ist und der Strom-
kreis geschlossen ist. Bei vielen Geräten
ist die richtige Polung wichtig.

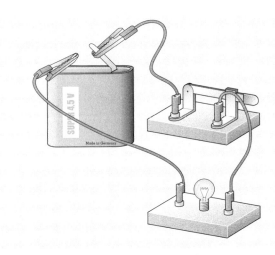

1 Geschlossener elektrischer Stromkreis mit Schalter

AUFGABEN

1 ○ Wähle drei elektrische Geräte aus,
die dir im Alltag oft helfen. Schreibe
auf, was du ohne diese Hilfen tun
müsstest, um zum gleichen Ergebnis zu
kommen.

2 ○ Schreibe eine genaue Aufbauan-
leitung für den in Bild 1 dargestellten
elektrischen Stromkreis. Verwende für
jeden Aufbauschritt einen ganzen Satz.
Die Glühlampe soll bei aufgebautem
Versuch leuchten.

3 ○ Nenne fünf elektrische Geräte,
die an Batterien (an die Steckdose)
angeschlossen werden.

4 ⊖ Oft ist die richtige Polung wichtig.
Finde heraus und beschreibe, welche
Hinweise es auf einer Fernbedienung
gibt, damit die Batterien richtig einge-
legt werden.

5 ⊖ ALESSANDRO VOLTA hat die erste funktionierende Batterie erfunden. Recherchiere die wichtigen Lebensdaten und seine
Erfindungen.

1 Die Folie zieht die Papierschnipsel an.

2 Haare werden von einer Folie angezogen.

Elektrische Ladungen

Manchmal erhälst du einen elektrischen Schlag, wenn du aus dem Auto aussteigst oder an eine metallische Türklinke fasst.

Elektrisch geladene Gegenstände
Versuch 1 stellt diese Situationen nach. Am Anfang sind die Folienstücke ungeladen, also **elektrisch neutral**. Dann laden sie sich durch das Reiben elektrisch auf und können nun Haare (▷ B 2), Papierschnipsel (▷ B 1) oder andere leichte Dinge anziehen. Bringst du die geladenen Folien nun wieder zusammen, entladen sie sich. Die elektrischen Ladungen **neutralisieren** sich. So wie du im Versuch die Folien aneinander reibst, reiben beim Laufen deine Schuhsohlen auf dem Boden. Du wirst **elektrisch aufgeladen**. Fasst du nun an das Auto oder die Türklinke, kommt es zur Entladung in Form eines kleinen elektrischen Schlags.

Elektrischen Ladungen sichtbar machen
Die elektrischen Ladungen sind mit dem bloßen Auge nicht sichtbar. Du kannst sie aber mithilfe einer Glimmlampe sichtbar machen. Berührst du die geladenen Folien mit einer Glimmlampe, so neutralisieren sich die Ladungen. Es kommt zur Entladung. Die Glimmlampe leuchtet.

Körper können elektrisch geladen werden, indem man sie aneinander reibt und anschließend trennt.

AUFGABEN

1 ○ Nenne, welche Arten von elektrischer Ladung es gibt.

2 ○ Beschreibe, wie man Körper elektrisch aufladen kann.

3 ◕ Begründe, warum du mithilfe einer geladenen Folie ein Gemisch aus Salz und Pfeffer trennen kannst.

VERSUCHE

1 Schneide einen (doppellagigen) Streifen von einem Tiefkühlbeutel ab.
a) Ziehe die Folien auseinander, ohne dass sie einen anderen Gegenstand berühren. Beschreibe deine Beobachtungen, wenn du eine der Folien in die Nähe von Papierschnipseln bringst oder an eine Glimmlampe hältst.
b) Ziehe die Folien erst auseinander und lege sie dann wieder genau aufeinander.

2 Reibe einen Luftballon oder eine Folie an den Haaren einer Mitschülerin oder eines Mitschülers. Beschreibe, wann ihr oder ihm die „Haare zu Berge stehen".

Was ist elektrischer Strom?

Verschiedene Ströme

Du kennst unterschiedliche Ströme. Ein großer Fluss wird als Strom bezeichnet. Es fließt Wasser in eine Richtung. Auf einer Straße fahren Autos in eine Richtung: Es fließt ein Verkehrsstrom. Aus einer Luftpumpe strömt Luft. Alle diese Ströme haben eine Gemeinsamkeit: Sie bestehen aus Teilchen, die sich in eine gemeinsame Richtung bewegen. Beim Wasserstrom fließen Wasserteilchen, beim Verkehrsstrom sind Autos die fließenden „Teilchen". Aus der Luftpumpe strömen Luftteilchen.

Elektrischer Strom

Ähnlich wie bei anderen Strömen bewegen sich auch beim elektrischen Strom viele einzelne Teilchen in eine Richtung, die Elektronen. Elektronen sind sehr klein. Man kann sie nicht sehen. Elektronen können sich besonders gut in Metallen bewegen. Kupfer ist ein solches Metall. Stromleitungen bestehen aus Kupfer. Hier können sich die Elektronen bewegen. Diese Bewegung der Elektronen ist **elektrischer Strom**.

Elektronen im Stromkreis

In einem Stromkreis lässt zum Beispiel eine Batterie die Elektronen fließen. Die Elektronen bewegen sich vom Minuspol durch ein elektrisches Gerät, zum Beispiel eine Lampe, zum Pluspol der Batterie. Die Lampe zu leuchtet.

Elektrischer Strom ist die Bewegung von Elektronen. Die Elektronen können sich besonders gut in Metallen bewegen.

AUFGABEN

1 ○ Nenne die im Text beschriebenen Ströme. Ordne zu, welche Teilchen sich jeweils bewegen.

2 ○ Elektronen haben besondere Eigenschaften. Zähle sie in einzelnen Sätzen auf.

3 ◑ Beschreibe die in Bild 1 und 2 dargestellten Ströme. Finde zuerst geeignete Überschriften für die dargestellten Ströme. Verwende bei der Beschreibung die Wörter „Teilchen" und „Richtung".

VERSUCH

1 Zu Schulbeginn: Stellt euch zu zweit mit einer Stoppuhr an das Schultor. Zählt die Schülerinnen und Schüler, die in der ersten Minute nach dem Läuten durch das Schultor strömen.

1 Ein Strom von Wasserteilchen   **2** Verschiedene Ströme: Schülerstrom und elektrischer Strom

Strom als Ladungsausgleich

Zwei verschiedene Ladungen

Elektrische Ladungen können Anziehungskräfte ausüben. Nur wie ist das möglich? In Versuch 1 kannst du etwas Ungewöhnliches feststellen. Es leuchtet immer nur eine Seite der Glimmlampe auf, aber je nach Material eine andere Seite (▷ B 1). Dies beweist, dass es zwei Arten von elektrischer Ladung gibt. Dies entdeckte bereits der Franzose CHARLES DU FAY (1698–1739). Wenn du zwei Körper (z. B. zwei Folien) aneinander reibst und dann trennst, ist einer der beiden Körper **positiv** (+), der andere Körper **negativ** (–) geladen. Die negativen Ladungen nennt man **Elektronen**.

Ladungen treffen aufeinander

Wenn sich ein positiv geladener und ein negativ geladener Gegenstand berühren, neutralisieren sich die Ladungen. Die negativen Elektronen wandern vom negativ geladenen Körper hin zum positiv geladenen Körper. Wenn sich alle Ladungen ausgeglichen haben, ist der neutrale Zustand wiederhergestellt.

Ladungsausgleich und elektrischer Strom

Bei einer Spannungsquelle (Batterie oder Steckdose) gibt es einen **Minuspol** (negativ geladen) und ein **Pluspol** (positiv geladen). Es besteht ein Ladungsunterschied zwischen den Polen. Befindet sich die Spannungsquelle in einem geschlossenen Stromkreis, wandern die Elektronen vom Minuspol hin zum Pluspol. Die elektrischen Ladungen neutralisieren sich. Es fließt ein **elektrischer Strom**. Damit der elektrische Strom weiterfließen kann, behält die Spannungsquelle den notwendigen Ladungsunterschied bei.

Es gibt positive und negative elektrische Ladungen. Mit einer Glimmlampe lassen sich die Ladungsarten unterscheiden. Beim Aufladen trennen sich positive und negative elektrische Ladungen voneinander. Beim Entladen gleichen sie sich wieder aus.

AUFGABEN

1 ○ Beschreibe, welche Arten elektrischer Ladung es gibt.

2 ○ Beschreibe, was geschieht, wenn sich ein positiv und ein negativ geladener Körper berühren.

3 ◐ Begründe, warum in einem geschlossenen Stromkreis ein elektrischer Strom fließt.

VERSUCH

1 Reibe verschiedene Kunststoffgegenstände (Lineal, Folien, Löffel, alte Filmnegative usw.) kräftig mit einem Fell oder Wolle. Halte eine Glimmlampe an die geriebenen Gegenstände. Achte speziell auf das Leuchten der Glimmlampe. Beschreibe die Unterschiede.

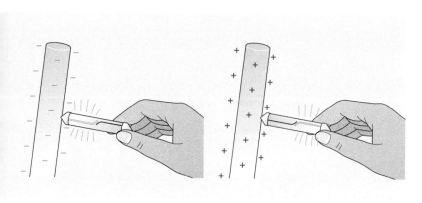

1 Ist ein Körper negativ geladen, dann leuchtet die Glimmlampe auf der Seite des geladenen Körpers auf. Ist er positiv geladen, leuchtet die der Hand zugewandten Seite.

Das Wasserstrom-Modell

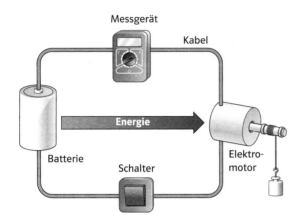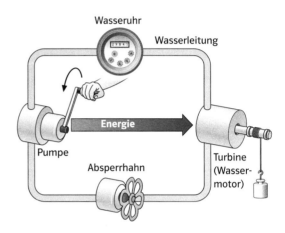

1 Das Wasserstrom-Modell hilft uns, den elektrischen Strom zu verstehen.

Modelle helfen uns

Den elektrischen Strom können wir nicht sehen. Trotzdem versuchen wir uns vorzustellen, was in einem Stromkreis geschieht. Unsere Vorstellung ist ein Modell dieser Vorgänge. Ein Modell muss nicht genau mit der Wirklichkeit übereinstimmen. Ein Modell ist aber umso besser, je mehr seiner Eigenschaften der Wirklichkeit entsprechen. Modelle helfen uns, die Natur zu verstehen.

Die Wirklichkeit: Der elektrische Strom

In einer Batterie ist Energie gespeichert. Du betätigst den Schalter (▷ B 1). Die Elektronen fließen durch das Kabel. An einem Messgerät kannst du ablesen, wie viel Strom fließt. Der Elektromotor beginnt zu laufen. Er kann ein Massestück anheben.

Das Modell: Der Wasserstrom

Du drehst das Handrad einer Wasserpumpe (▷ B 1). Die Pumpe treibt die Wasserteilchen an. Das Wasser beginnt in der Wasserleitung zu fließen. An der Wasseruhr

kannst du nun ablesen, wie viel Wasser fließt. Mit dem Absperrhahn kannst du das strömende Wasser anhalten. Eine Turbine wird von dem strömenden Wasser angetrieben und hebt ein Massestück an.

AUFGABEN

1 ⊖ Lege eine Tabelle an, in der du alle beschrifteten Teile der beiden dargestellten Kreisläufe einander zuordnest.

2 Ein Papierflieger ist ein Modell, das du aus deinem Alltag kennst.
● a) Beschreibe die Übereinstimmungen mit einem wirklichen Flugzeug.
● b) Begründe, warum der Papierflieger ein Modell ist.

3 ● Der Globus ist ein Modell unserer Erde. Beschreibe, welche Eigenschaften des Globus mit der Erde übereinstimmen. Erkläre an Beispielen die Grenzen dieses Modells.

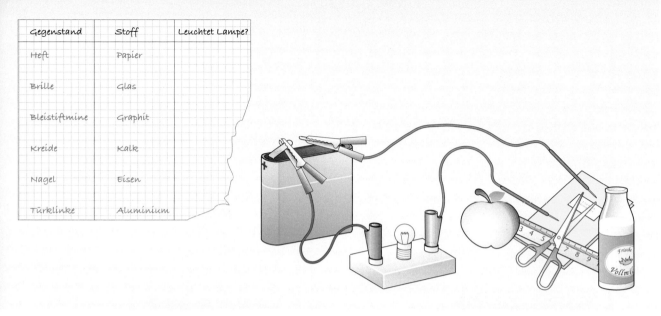

Gegenstand	Stoff	Leuchtet Lampe?
Heft	Papier	
Brille	Glas	
Bleistiftmine	Graphit	
Kreide	Kalk	
Nagel	Eisen	
Türklinke	Aluminium	

1 Leiter oder Nichtleiter?

⊙ Leiter und Nichtleiter

Welche Stoffe leiten den elektrischen Strom?

Wenn du untersuchen möchtest, welche Stoffe den elektrischen Strom leiten, musst du mit verschiedenen Gegenständen einen Stromkreis schließen (▷ B 1).
Alle Gegenstände bestehen aus Stoffen. Ein Bleistift zum Beispiel besteht aus Holz und Graphit. Manche Stoffe leiten den elektrischen Strom, manche Stoffe nicht. Wenn die Glühlampe leuchtet, dann leitet der verwendete Stoff den elektrischen Strom. Leuchtet die Glühlampe nicht, dann leitet dieser Stoff auch nicht den elektrischen Strom.

Leiter und Nichtleiter

Leitende Stoffe sind zum Beispiel alle Metalle, aber auch Graphit. Diese Stoffe nennt man **Leiter**.
Zu den nichtleitenden Stoffen zählen zum Beispiel Kunststoff, Glas, Porzellan und Kalk. Diese Stoffe nennt man **Nichtleiter** oder **Isolatoren**.
(► Struktur der Materie, S.154/155)

Stoffe, die den elektrischen Strom leiten, werden Leiter genannt.

Stoffe, die den elektrischen Strom nicht leiten, werden Isolatoren (Nichtleiter) genannt.

AUFGABEN

1 ○ Nenne mindestens drei leitende und drei nichtleitende Gegenstände.

2 ◐ Begründe an zwei Beispielen, wo Isolatoren besonders wichtig sind.

3 ● Strom kann für Menschen lebensgefährlich sein. Unser Körper muss also ein Leiter sein. Finde heraus und beschreibe, warum dies so ist.

VERSUCH

1 Baue den Prüfstromkreis aus Bild 1 auf. Schließe den Stromkreis mit verschiedenen Gegenständen. Notiere deine Beobachtungen in einer Tabelle.

Zum Experten werden

1 Lernen in der Gruppe

Experten geben ihr Wissen weiter
In den Naturwissenschaften gibt es viele interessante Themen. Diese Themen sind oft sehr umfangreich. Wenn ihr in Gruppen arbeitet und euer Wissen austauscht, könnt ihr euch die Arbeit erleichtern. Bei allen Schritten hilft euch sicher eure Lehrerin oder euer Lehrer.

1. Schritt: Wir bilden Gruppen
Ein umfangreiches Thema könnt ihr immer in einzelne Bereiche aufteilen. Dies müsst ihr gemeinsam machen.
Danach könnt ihr euch in Gruppen aufteilen. Jede Gruppe kann dann einen einzelnen Bereich erarbeiten.

2. Schritt: Die Gruppenarbeit – wir werden zu Experten
Jedes Mitglied eurer Gruppe muss eine Stichwortliste zu eurem Bereich des Themas haben. Diese Stichwörter findet ihr gemeinsam in eurer Gruppe. Zu diesen Stichwörtern sammelt nun jeder Einzelne Informationen. Mögliche Quellen sind: Bücher, Zeitschriften, Filme, das Internet, die Bücherei, Material der Lehrerin oder des Lehrers usw. Nehmt euch für diese Informationssuche ausreichend Zeit.

3. Schritt: Wir finden ein Ergebnis in der Gruppe
In der Gruppe stellt jeder seine gesammelten Informationen vor. Versucht gemeinsam, wichtige von unwichtigen Informationen zu trennen. Bei Problemen holt ihr euch Hilfe. Um das Wissen weitergeben zu können, muss jeder von euch das gemeinsame Ergebnis schriftlich vorliegen haben. Ihr seid nun Experten für euren Bereich des Themas.

4. Schritt: Wir geben als Experten unser Wissen weiter
Nun verteilen sich die Experten einer Gruppe auf die anderen Gruppen. Dort informieren die Experten über die gemeinsam gefundenen Ergebnisse. Die Experten beantworten Fragen und geben den anderen Zeit, um Stichwörter aufzuschreiben. Dieses Verfahren wird wiederholt, bis alle Experten ihr Wissen weitergeben konnten. Nun besitzt jede Schülerin und jeder Schüler einen guten Überblick über das Thema.

AUFGABE

1 ● Diskutiert Vorteile und Nachteile dieser Methode.

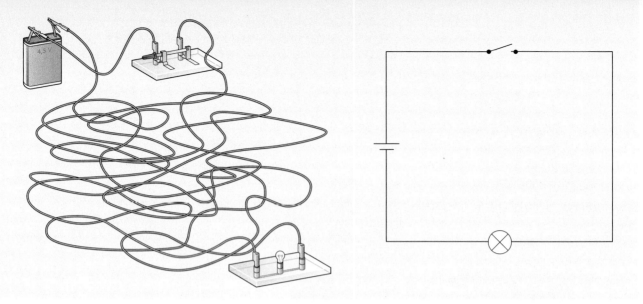

1 Stromkreis ...

2 ... mit passendem Schaltplan

Schaltpläne zeichnen

Ein schneller Plan für jeden Stromkreis
Wenn du den elektrischen Stromkreis in
Bild 1 als Versuchsskizze zeichnen müss-
test, dann wäre das sicher sehr aufwändig.
Vermutlich würde auch jeder von euch zu
unterschiedlichen Ergebnissen kommen.

Für das Zeichnen von Stromkreisen verwendet man daher **Schaltzeichen** (▷ B 3).
Die Schaltzeichen sind in fast allen Ländern gleich.

Den unübersichtlichen Stromkreis kannst
du nun mit Schaltzeichen ganz einfach und
schnell zeichnen. Eine solche Zeichnung
heißt **Schaltplan** (▷ B 2).

Vom Stromkreis zum Schaltplan
Beginne beim Zeichnen immer an einem
Pol der Spannungsquelle. Verfolge in Ge-
danken den Weg durch den Stromkreis von
Bauteil zu Bauteil bis zum anderen Pol der
Spannungsquelle. Ergänze dann weitere
Bauteile.

Wenn du einen Stromkreis nach Vorlage
eines Schaltplans aufbauen sollst, gehst du
genauso vor. Beginne auch hier an einem
Pol der Spannungsquelle.

**Mit einem Schaltplan kannst du Strom-
kreise übersichtlich darstellen. Dabei stellt
man die Bauteile als Schaltzeichen dar.**

Regeln für das Zeichnen:

• Kabel werden als gerade Linien gezeichnet.

• Bei Richtungsänderungen werden Kabel im rechten Winkel weitergezeichnet.

• Stellen, an denen Kabel miteinander verbunden sind, können mit einem kleinen
Punkt gekennzeichnet werden.

• Bauteile werden nie in eine Ecke gezeichnet.

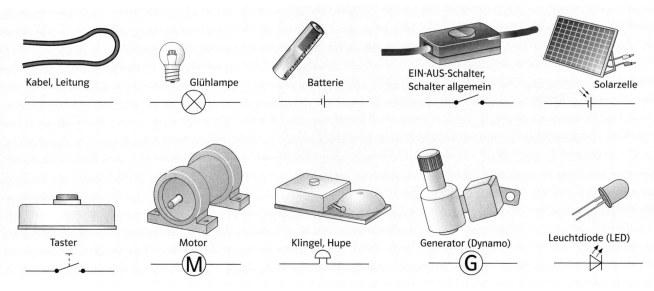

3 Bauteile und ihre Schaltzeichen

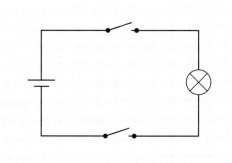

4 Zu Versuch 2

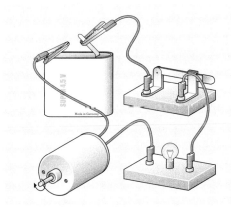

5 Zu Versuch 3

AUFGABEN

1 ○ Nenne die Vorteile eines Schaltplans.

2 ○ Zeichne die Schaltzeichen aus Bild 3 ab. Schreibe die Namen der Bauteile dazu.

3 ◐ Zeichne einen Schaltplan zu einem Stromkreis, der aus einer Batterie, einem Taster und einer Klingel besteht.

4 ◐ Begründe, warum es sinnvoll ist, einheitliche Schaltzeichen zu verwenden.

5 ● Zeichne einen Schaltplan mit zwei Glühlampen. Beide Glühlampen sollen leuchten.

VERSUCHE

1 Baue einen Stromkreis aus einer Batterie, zwei Lampen und einem Schalter auf. Fertige den dazu passenden Schaltplan an.

2 In Bild 4 siehst du einen Schaltplan. Baue den Stromkreis mit Materialien aus der Schulsammlung auf. Baue nun einen Fehler ein. Dein Partner muss den Fehler finden und korrigieren.

3 Fertige zum Versuchsaufbau in Bild 5 den dazu passenden Schaltplan an und baue den Stromkreis auf.

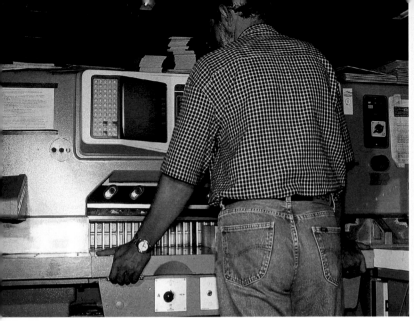

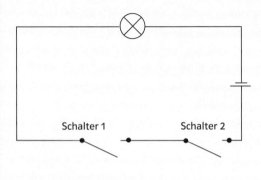

1 Schneidemaschine mit UND-Schaltung

2 Schaltplan der UND-Schaltung

Schaltungen

Schaltungen sind überall
Wenn elektrische Bauteile in einem Stromkreis angeordnet sind, dann spricht man von einer elektrischen **Schaltung**. Eine Schaltung dient einem ganz bestimmten Zweck, zum Beispiel soll eine Lampe leuchten. Elektrische Schaltungen findest du fast überall.

Die UND-Schaltung
Herr Dittmer arbeitet in einer Druckerei. Er kann mit seiner Papierschneidemaschine über 1000 Blätter auf einmal zuschneiden. Herr Dittmer könnte aus Versehen mit der einen Hand den Schneidemotor einschalten, während er mit der anderen Hand das Papier zurechtrückt. Damit das nicht passiert, ist in die Maschine eine **Sicherheitsschaltung** eingebaut: Die Maschine lässt sich nur einschalten, wenn mit jeder Hand ein Schalter betätigt wird (▷ B 1). Die Schaltung heißt auch **UND-Schaltung**, weil beide Schalter (Schalter 1 und Schalter 2 in Bild 2) betätigt werden müssen.

Auch in der Waschmaschine findest du eine UND-Schaltung: Außer dem

EIN-AUS-Schalter gibt es in der Tür einen weiteren Schalter. Dieser Schalter schließt den Stromkreis erst dann, wenn die Tür zu ist.

Die ODER-Schaltung
In Mehrfamilienhäusern findest du meist zwei Klingelknöpfe für jede Wohnung: einen an der Haustür und einen an der Wohnungstür (▷ B 3). Probiere es aus: Wenn der untere, der obere oder sogar alle beide Klingelknöpfe gedrückt werden, läutet die Türklingel. Die Schaltung heißt **ODER-Schaltung**, weil nur ein Schalter (Schalter 1 oder Schalter 2 in Bild 4) betätigt werden muss.

Die Wechselschaltung
In langen Fluren gibt es noch eine weitere Schaltung. Eine oder mehrere Lampen kannst du hier von zwei Schaltern aus betätigen. Mit dieser **Wechselschaltung** kannst du das Licht an einer Stelle einschalten und an einer anderen Stelle wieder ausschalten (▷ B 5). Das ist praktisch, da du nicht durch den ganzen Flur laufen musst.

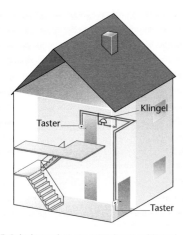

3 ODER-Schaltung bei einer Wohnungsklingel

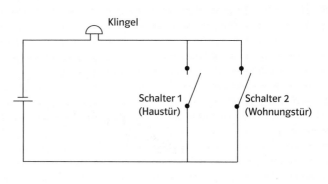

4 Schaltplan der ODER-Schaltung

Bei der UND-Schaltung ist der Stromkreis nur geschlossen, wenn Schalter 1 und Schalter 2 geschlossen sind.

Bei der ODER-Schaltung ist der Stromkreis geschlossen, wenn Schalter 1 oder Schalter 2 geschlossen ist.

Bei der Wechselschaltung lässt sich an jedem Schalter der Stromkreis öffnen und schließen.

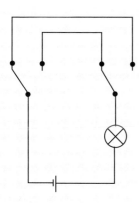

5 Schaltplan einer Wechselschaltung

AUFGABEN

1 ○ a) Zeichne den Schaltplan einer UND-Schaltung.
   ○ b) Zeichne den Schaltplan einer ODER-Schaltung.
   ○ c) Zeichne den Schaltplan einer Wechselschaltung.

2 ○ Gib zu allen im Text genannten Schaltungen ein Anwendungsbeispiel aus dem Alltag an.

3 ◒ Beschreibe die Vorteile der Wechselschaltung anhand eines eigenen Beispiels.

4 ◒ Begründe, warum die UND-Schaltung auch Sicherheitsschaltung genannt wird.

5 ● Zeichne den Schaltplan einer Innenbeleuchtung eines Autos. Bei einem Auto wird die Innenbeleuchtung eingeschaltet, sobald eine der vier Türen geöffnet ist.

VERSUCH

1 a) Baue die Schaltung nach Bild 2 auf. Bestimme, bei welchen Schalterstellungen die Lampe leuchtet. Stelle deine Ergebnisse in einer geeigneten Tabelle übersichtlich dar.
   b) Wiederhole den Versuch für die Schaltung in Bild 4.

Was kann der elektrische Strom?

**1 Untersuchungen
an der Glühlampe**
Material
Batterie, Schalter, Glühlampe mit
Fassung, Kabel

Versuchsanleitung
a) Baue einen Stromkreis mit ge-
öffnetem Schalter und Glühlampe
auf.

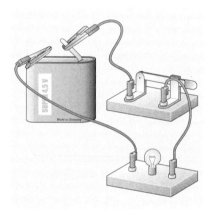

1 Zu Versuch 1

b) Schließe den Schalter und beobachte die Glühlampe. Beschreibe,
was du siehst.

2 Was bewirkt elektrischer Strom bei
einer Glühlampe?

c) Schließe die Augen und umfasse
die Glühlampe vorsichtig mit zwei
oder drei Fingern. Beschreibe, was
du spürst.

2 Vom Draht zum Elektromagnet
Material
Batterie, Kabel, Schalter, Kompass

Versuchsanleitung
a) Baut einen einfachen Stromkreis
mit einem geöffneten Schalter auf.
Lasst die Kompassnadel in Nord-
Süd-Richtung einpendeln.

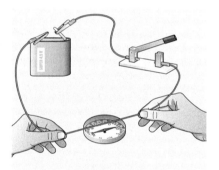

3 Zu Versuch 2

b) Halte das Kabel parallel zur
Kompassnadel über den Kompass.
Dein Partner schaltet kurz den
Strom ein. Vertauscht die Pole und
wiederholt den Versuch.
c) Halte den Draht quer zur
Kompassnadel und testet, wie der
Kompass sich jetzt verhält.
d) Für Erfinder: Schließt und öffnet
den Schalter in einem gleich blei-
benden und passenden Zeitab-
stand. Ihr könnt etwas Interessan-
tes entdecken.

3 Elektromagnete selber wickeln
Material
Batterie, isolierter Kupferdraht, ein
großer Nagel aus Eisen, mehrere
kleine Eisennägel

Versuchsanleitung
a) Wickle den isolierten Kupferdraht mehrfach um den großen
Nagel.
Schließe deine selbst gebaute Spule an eine Batterie an und teste,
wie viele kleine Nägel angezogen
werden können.
b) Entferne den großen Nagel und
teste, wie viele kleine Nägel jetzt
angezogen werden.
c) Wickle verschiedene Spulen
mit unterschiedlichen Wicklungs-
zahlen, z. B. 50, 100, 200 Wicklun-
gen. Beschreibe den Einfluss der
Wicklungszahl auf die magnetische
Wirkung.

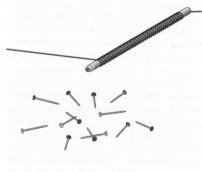

4 Zu Versuch 3

AUFGABE

1 ○ Was kann der elektrische
Strom bewirken? Zähle auf.

1 Elektrischer Strom hat viele Wirkungen.

Wirkungen des elektrischen Stroms

Was der elektrische Strom alles kann
Eine Lampe, der Küchenherd, der Türöffner
an der Haustür – eine Vielzahl von Geräten
funktioniert mit elektrischem Strom. Den
elektrischen Strom kannst du nicht sehen.
Ob Strom fließt oder nicht, kannst du nur
an seinen Wirkungen erkennen.

Wärmewirkung
Die Wärmewirkung des elektrischen
Stroms kannst du gut in der Nähe einer
Herdplatte, eines Bügeleisens oder eines
Toasters spüren. Aber Vorsicht! Diese
Geräte sind so heiß, dass du dich ernsthaft
verbrennen kannst. In ihrem Inneren be-
finden sich Heizdrähte. Wenn Strom durch
die Heizdrähte fließt, erwärmen sie sich.

Lichtwirkung
An der Glühlampe erkennst du eine weitere Wirkung des elektrischen Stroms: Ein
dünner Draht wird so stark erhitzt, dass er
zu glühen beginnt. Die Lampe spendet uns
Licht. (► Energie, S.156/157)

Magnetische Wirkung
Wenn elektrischer Strom durch ein Kabel
fließt, wird es magnetisch. So genannte
Elektromagnete sind für uns praktische

Helfer. Elektromagnete heben schwere Ei-
senstücke auf dem Schrottplatz, sie öffnen
die Türen eines Autos und die Haustür auf
Knopfdruck. Auch ein Elektromotor läuft
nur durch die magnetische Wirkung des
elektrischen Stroms.

Elektrischer Strom ist an seinen Wirkungen erkennbar. Diese sind:
– die Wärmewirkung
– die Lichtwirkung
– die magnetische Wirkung

AUFGABEN

1 ○ Beschreibe die Wirkungen des elektrischen Stroms anhand der drei Bilder
auf dieser Seite.

2 ◐ a) Ordne die im Text genannten
elektrischen Geräte nach ihrer Wirkung.
Lege hierzu eine Tabelle an.
◐ b) Ergänze die Tabelle mit möglichst
vielen Geräten aus dem Alltag.

3 ● Glühlampen werden immer häufiger durch Energiesparlampen ersetzt.
Begründe dies.

Elektromagnete im Alltag

Die magnetische Wirkung des Stroms
Den elektrischen Strom kannst du nicht sehen. Ob Strom fließt oder nicht, kannst du nur an seinen Wirkungen erkennen. Eine Wirkung des elektrischen Stroms ist die magnetische Wirkung. Die magnetische Wirkung kannst du zum Beispiel auf einem Schrottplatz beobachten (▷ B 2). Dort werden gewaltige Eisenteile mithilfe des elektrischen Stroms hochgehoben.
(► Wechselwirkung, S. 158/159)

Der Elektromagnet
Das Gerät auf dem Schrottplatz heißt **Elektromagnet**. Ein Elektromagnet besteht aus einem Draht, den man auf ein Stück Eisen aufwickelt. Den aufgewickelten Draht nennt man auch **Spule**. Wenn durch die Spule ein elektrischer Strom fließt, dann hält sie die Eisenteile fest.
(► System, S. 152/153)

Elektromagnete überall
Elektromagnete gibt es in großen und kleinen Größen. Mit großen Elektromagneten kann man Autos und sogar Lastwagen hochheben. Kleine Elektromagnete halten zum Beispiel Türen geschlossen.

Ein Elektromagnet kann Eisenteile festhalten. Ein Elektromagnet ist ein aufgewickelter Draht, durch den Strom fließt.

2 Ein Elektromagnet nutzt die magnetische Wirkung des elektrischen Stroms.

AUFGABEN

1 ○ Beschreibe, warum die Eisenteile in Bild 2 nicht herunterfallen.

2 ◕ Beschreibe, wie ein Elektromagnet aufgebaut ist.

3 ● Erkläre, woher der Elektromagnet seinen Namen hat.

VERSUCH

1 Wickle einen isolierten Kupferdraht mehrfach um einen großen Eisennagel (▷ B 1). Nun hast du eine Spule. Schließe deine selbst gebaute Spule an eine Batterie an. Teste, ob du kleine Nägel mit der Spule anziehen kannst.

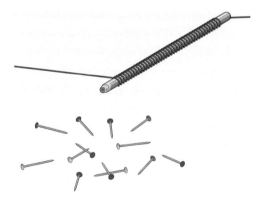

1 Zu Versuch 1

Wie funktionieren Elektromagnete?

1 Hans Christian Oersted entdeckte die magnetische Wirkung des Stroms.

2 Elektromagnet auf dem Schrottplatz

Du hast bereits Magnete kennen gelernt. Diese Magnete waren Dauermagnete, da sie ihre magnetische Wirkung nur selten verlieren. Bei Elektromagneten ist dies anders: Elektromagnete kannst du einschalten und wieder ausschalten.

Magnetkraft durch Strom
Schon im Jahr 1820 entdeckte der dänische Physiker Hans Christian Oersted (1777 – 1851), dass elektrischer Strom und Magnetismus miteinander zusammenhängen. Oersted erforschte diese Zusammenhänge. Er kam zu dem Ergebnis, dass der elektrische Strom auch eine Magnetkraft erzeugt. Nun kommt das Besondere: Nur wenn ein Strom fließt, entsteht diese Magnetkraft. Bei Elektromagneten lässt sich daher die Magnetkraft einschalten und wieder ausschalten. Dazu muss man nur den Strom ein- und ausschalten.
Das Besondere an Elektromagneten ist also, dass man sie einschalten und ausschalten kann.

Eisen verstärkt die Magnetkraft
Warum wickelt man den Draht eines Elektromagneten eigentlich auf ein Stück Eisen? Das Stück Eisen verstärkt die Magnetkraft: Die Elementarmagnete im Stück Eisen richten sich in die vorgegebene Richtung aus und verstärken so die Magnetkraft.

AUFGABEN

1. ◗ Auf einem Schrottplatz hebt ein Elektromagnet Eisenteile hoch (▷ B 2). Beschreibe, was passiert, wenn man den Strom abschaltet.

2. ◗ Beschreibe den Unterschied zwischen Dauermagneten und Elektromagneten.

3. ● Stell dir vor, du näherst einen eingeschalteten Elektromagneten einem Dauermagneten. Beschreibe, was passiert.

Praktische Helfer

1 Europa bei Nacht

Siegeszug der Elektrizität
In einigen Ländern begann die Versorgung mit elektrischem Strom erst vor ungefähr 120 Jahren. Die Entwicklung leistungsfähiger Generatoren und die Erfindung der Glühlampe standen am Anfang großer technischer Veränderungen.

Elektrische Geräte übernehmen viele Aufgaben
Wir benutzen den elektrischen Strom nicht nur zum Beleuchten von Häusern und Straßen (▷ B 1). Elektrische Geräte helfen uns bei Arbeiten in der Küche und im Garten. Elektrische Geräte begleiten uns aber auch in der Freizeit. Diese Geräte kannst du aus deinem Haushalt kennen: Wasserkocher, MP3-Player, Fernseher, Computer, Rasenmäher, und viele mehr.

Ein Leben ohne Strom – vorstellbar?
Die Nutzung elektrischer Geräte ist für uns so selbstverständlich geworden, dass wir uns ein Leben ohne Strom gar nicht mehr vorstellen können. Oder möchtest du abends mithilfe einer Kerze, deine Hausaugaben machen?

Die Entwicklung geht weiter
Heute kannst du dir von vielen elektrischen Geräten helfen lassen, dennoch geht die Entwicklung neuer elektrischer Geräte immer weiter. Neben den Kommunikationsmitteln, werden besonders die Hilfsmittel für den Haushalt sowie in der Technik und der Medizin verbessert. Heute gibt es beispielsweise Roboter, die selbst entscheiden, ob der Rasen gemäht werden muss.

AUFGABEN

1 ○ a) Zähle für jeden der folgenden Bereiche vier Elektrogeräte auf: dein Zimmer, Küche, Supermarkt. Beschreibe jeweils eines dieser elektrischen Geräte.
○ b) Schaue dich in deiner Umgebung nach einem elektrischen Gerät um, dessen Funktion dir unbekannt ist. Beschreibe, wie dieses Gerät funktioniert, nachdem du dies, wenn möglich bei dem Nutzer, erfragt hast.

2 ◐ Stelle in einem kurzen Bericht dar, ob ein Tag ohne Strom für dich möglich wäre und wie er aussehen könnte.

3 ◐ Recherchiere und beschreibe was eine Schusterkugel ist und wie sie funktioniert.

4 ◐ Schaue dich in deiner Umgebung nach einem ungefährlichen elektrischen Gerät um, bei dem dir eine oder mehrere Funktionen noch nicht bekannt sind. Teste diese Funktionen, nachdem du die Gebrauchsanleitung gelesen hast.

Lesen wie ein Profi

„Lest bis zur nächsten Physikstunde den Text über den elektrischen Strom", sagt die Lehrerin am Schluss der Stunde. „Mit diesem Thema wollen wir uns in der nächsten Stunde beschäftigen!"
Hier bekommst du ein paar Tipps, wie du als „Leseprofi" an diese Aufgabe herangehen kannst.

Zuerst den Text überfliegen ...
Lies den Text erst einmal flüchtig, um einen groben Überblick über den Inhalt zu bekommen. Beachte besonders die Überschriften und die fett gedruckten Begriffe. Vergiss auch die Bilder nicht!

... dann genauer hinschauen
Jetzt geht es darum, den Text gut zu verstehen. Dann erinnerst du dich später auch an Einzelheiten. Am besten liest du jeden Absatz langsam und gibst ihn dann mit eigenen Worten wieder. Dazu musst du „aktiv lesen". Erstelle eine Fotokopie von der Buchseite, auf der du auch schreiben kannst. Ein Blatt Papier neben dem Buch tut es aber auch.

a) Unterstreiche mit einem Bleistift alle Wörter, die du nicht verstehst. Erkläre sie dann mithilfe eines Fachbuchs oder des Internets. Du kannst aber auch jemanden um Hilfe bitten, z. B. deine Mitschüler oder deinen Lehrer.
b) Markiere mit unterschiedlichen Farben wichtige Fachausdrücke oder Aussagen.
c) Verwende Symbole für Wichtiges (!) oder Unklares (?) und schreibe sie an den Rand.
d) Ordne die unterschiedlich markierten Informationen nach Themen.
e) Finde eine Überschrift, die die verschiedenen Inhalte zusammenfasst.

... schließlich zusammenfassen
Nun schreibst du die wichtigsten Inhalte in Stichworten heraus. Achte darauf, dass du sie auch später noch verstehst. Die Zusammenfassung sollte nicht länger als ein Viertel des Texts sein. Schließlich kannst du einiges zu dem elektrischen Strom sagen (▷ B 1).

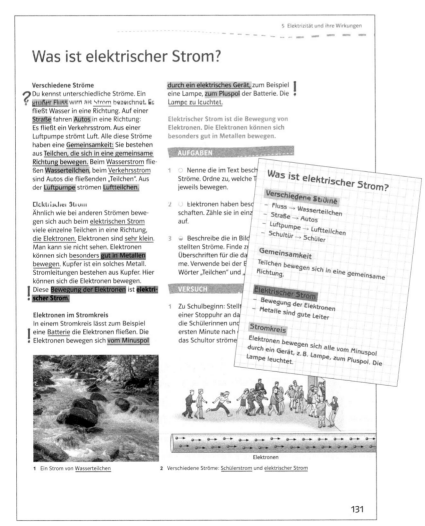

1 So arbeitet ein „Leseprofi".

1 Energieumwandlung im Toaster

Energie wird umgewandelt

Elektrische Energie
Ein Toaster benötigt Energie, um das Brot zu bräunen. Damit eine Lampe leuchten kann, benötigt auch sie Energie. Diese Energie wird der Steckdose oder einer Batterie entnommen.

Woher kommt die elektrische Energie?
Es gibt viele Möglichkeiten, elektrische Energie bereitzustellen. Ein Wärmekraftwerk wandelt die Energie, die in brennbaren Stoffen gespeichert ist, in elektrische Energie um. Ein Windkraftwerk nutzt die Energie des Winds. Ein Wasserkraftwerk wandelt die Energie des herabfließenden Wassers in elektrische Energie um. Auch die Energie des Sonnenlichts lässt sich beispielsweise mit Solarzellen in elektrische

Energie umwandeln. In Batterien sind dies chemische Vorgänge.

Elektrische Geräte sind Energiewandler
Die elektrische Energie aus dem Kraftwerk wird über Kabel zu den elektrischen Geräten transportiert. Diese wandeln die elektrische Energie dann um: Der Toaster gibt Wärme ab, eine Lampe beginnt zu leuchten oder ein Ventilator beginnt sich zu drehen. (▶ Energie, S. 156/157)

Elektrische Geräte können elektrische Energie z. B. in Wärme und Licht umwandeln.

AUFGABEN

1 ○ Zähle zehn Geräte aus dem Haushalt auf, die elektrische Energie umwandeln.

2 ◐ Beschreibe in ganzen Sätzen, was in Bild 1 mit der elektrischen Energie passiert.

3 ◐ Eine Steckdose ist keine Energiequelle. Begründe.

4 ● Wähle drei Haushaltsgeräte aus und fertige für jedes Gerät ein Energieschema wie in Bild 2 an.

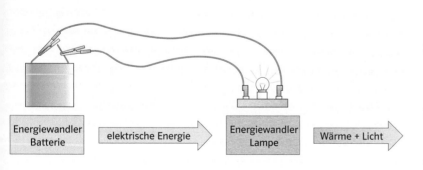

2 Energieumwandlung – von der Batterie zur Lampe

Energie aus Kraftwerken

Kraftwerke
Kraftwerke stellen elektrische Energie bereit. Eine bessere Bezeichnung wäre eigentlich „Energiewerk". Hier werden andere Energieformen in elektrische Energie umgewandelt. (▶ Energie, S.156/157)

Wärmekraftwerke
Einen großen Teil der elektrischen Energie beziehen wir aus Wärmekraftwerken (▷ B1): Hier werden Kohle, Erdöl oder Erdgas verbrannt. Die entstehende Wärme erhitzt in einem Druckbehälter Wasser. Das Wasser siedet und verdampft. Der Wasserdampf treibt mit großem Druck eine Turbine an. Die Turbine ist mit einem riesigen Dynamo verbunden. Dieser Dynamo heißt im Kraftwerk Generator und erzeugt die gewünschte elektrische Energie. Die Funktionsweise eines solchen Kraftwerks kannst du dir mithilfe eines Modellversuchs verdeutlichen (▷ B2).

Windkraftwerke
Auch der Wind kann mithilfe eines Propellers einen Generator antreiben. Windräder siehst du überall dort, wo viel Wind weht. Besonders häufig sind sie an der Küste. Im Meer werden sogar Windparks mit vielen Windrädern gebaut.

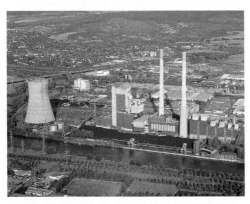

1 Wärmekraftwerk

Wasserkraftwerke
An vielen Gewässern gibt es Wasserkraftwerke. Hier treibt strömendes Wasser den Generator an.

Solarzellen
Solarzellen wandeln die Lichtenergie direkt in elektrische Energie um. Es wird kein Generator benötigt. Du findest Solarzellen auf immer mehr Hausdächern.

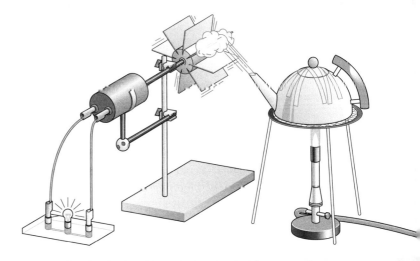

2 Das Modell eines Wärmekraftwerks

AUFGABEN

1 ⊖ Beschreibe den Versuchsaufbau des Modellversuchs zum Wärmekraftwerk (▷ B2).

2 ⊖ Beschreibe, wie ein Wärmekraftwerk funktioniert.

3 ● Vergleiche Wärmekraftwerke und Windkraftwerke. Stelle die Unterschiede heraus.

4 ● Recherchiere, was man unter erneuerbaren Energiequellen versteht.

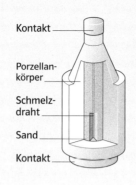

Kontakt

Porzellankörper

Schmelzdraht

Sand

Kontakt

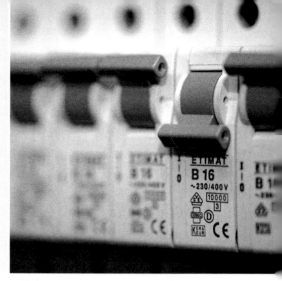

1 Achtung! Strom kann lebensgefährlich sein!   2 Schmelzsicherung   3 Sicherungsautomaten im Haushalt

Vorsicht, Strom!

Strom kann tödlich sein

Bestimmt hast du schon einmal einen **Stromschlag** bekommen, wenn du über einen Teppich gegangen bist und anschließend ein Metallgeländer angefasst hast. Was du da gefühlt hast, war das Zucken deiner Muskeln, die vom elektrischen Strom angeregt wurden. Ein solcher Stromschlag ist ungefährlich. Du kannst dich höchstens erschrecken.

Ein Stromschlag kann aber schlimme Folgen haben, falls der Stromfluss stärker ist. Dies ist zum Beispiel dann der Fall, wenn der Strom aus der Steckdose kommt. Weil unser Herz durch elektrische Signale gesteuert wird, kann ein Stromschlag das Herz aus dem Takt oder sogar zum Stillstand bringen.
(▶ Wechselwirkung, S.158/159)

Kurzschluss

Im Haushalt entsteht ein **Kurzschluss**, wenn sich elektrische Leitungen berühren. Dies kann passieren, wenn elektrische Kabel in der Wand angebohrt werden. Bei einem Kurzschluss fließt der Strom direkt von einem Pol der Spannungsquelle zum anderen Pol.

Ein Kurzschluss kann sogar einen Brand verursachen.

Sicherungen

Sicherungen schützen uns bei einem Kurzschluss.
Die einfachsten Sicherungen sind die **Schmelzsicherungen** (▷ B 2). Schmelzsicherungen bestehen aus einem dünnen Draht, der von einem Porzellankörper umgeben ist. Wenn der Stromfluss zu stark wird, dann wird der Draht heiß und schmilzt durch. Der Stromkreis ist dann unterbrochen.
Im Haushalt findest du häufig **Sicherungsautomaten** (▷ B 3). Dort schmilzt kein Draht, sondern ein Schalter wird umgelegt. Wenn die Störung beseitigt ist, dann kannst du den Schalter und damit auch den Stromkreis wieder schließen.

Schutzleiter und FI-Schalter schützen zusätzlich

Im Haus haben elektrische Leitungen einen **Schutzleiter**, den du an seiner gelb-grünen Markierung erkennst (▷ B 4). Durch den Schutzleiter fließt gewöhnlich kein Strom. Wenn aber ein elektrisches Gerät beschädigt ist, kann es passieren, dass eine

4 Ein FI-Schalter unterbricht den Stromkreis bei Gefahr.

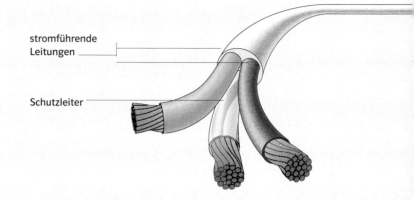

stromführende Leitungen

Schutzleiter

5 Der Schutzleiter schützt zusätzlich.

stromführende Leitung das Metallgehäuse dieses Geräts berührt. Dann fließt ein Strom durch den Schutzleiter.
Der **FI-Schalter** (Fehlerstromschutzschalter, ▷ B 5) oder eine gewöhnliche Sicherung unterbricht dann den Stromkreis.

Bei einem Kurzschluss fließt der Strom direkt von einem Pol der Spannungsquelle zum anderen Pol. Sicherungen unterbrechen den Stromkreis und bieten Schutz bei einem Kurzschluss.

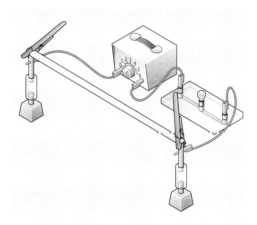

6 Schaltungsaufbau zu Versuch 1 – vor dem Kurzschluss

AUFGABEN

1 ○ Beschreibe, was passiert, wenn ein Mensch einen Stromschlag erleidet.

2 ○ Beschreibe den Zweck von Sicherungen.

3 ◐ Informiere dich, wo sich bei euch zu Hause der Sicherungskasten befindet. Beschreibe, wie die Sicherungen aussehen.

4 ◐ Erkläre, wie der Schutzleiter (▷ B 4) vor Unfällen mit elektrischem Strom schützt.

5 ◐ a) Stelle Verhaltensregeln auf, um dich vor einem Stromschlag zu schützen.
● b) Recherchiere, was man unternehmen muss, wenn jemand einen Stromschlag bekommen hat.

6 ● Begründe, warum man im Badezimmer besonders vorsichtig mit elektrischen Geräten umgehen muss.

VERSUCH

1ᴸ Eine Lampe wird an ein Netzgerät angeschlossen. In den Stromkreis wird ein dünner Aluminiumstreifen gespannt (▷ B 6). Beschreibe die Folgen, wenn man die Lampe mit einem Kabel überbrückt.

Zusammenfassung

Geräte im elektrischen Stromkreis

Ein elektrisches Gerät funktioniert nur, wenn es an eine geeignete Spannungsquelle angeschlossen ist. Der Stromkreis muss geschlossen sein. Bei vielen Geräten ist die richtige Polung wichtig. Elektrische Geräte sind Energiewandler. Sie können elektrische Energie zum Beispiel in Wärme oder Licht umwandeln.

Der elektrische Strom

Elektrischer Strom ist die Bewegung von Elektronen. Die Elektronen können sich besonders gut in Metallen bewegen. Elektrischer Strom ist an seinen Wirkungen erkennbar. Diese sind die Wärmewirkung, die Lichtwirkung und die magnetische Wirkung.

Elektrische Ladungen

Es gibt zwei Arten von elektrischen Ladungen: positive und negative. Die negativen Ladungen nennt man Elektronen. Wenn man, beispielsweise durch Reibung, die Ladungen trennt, dann werden die geriebenen Körper elektrisch aufgeladen. Berühren sich positiv und negativ geladene Körper, dann gleichen sich die Ladungen aus.

Leiter und Isolatoren (Nichtleiter)

Stoffe, in denen sich die Elektronen bewegen können, werden Leiter genannt. Sie leiten den elektrischen Strom. Stoffe, die den elektrischen Strom nicht leiten, werden Isolatoren (Nichtleiter) genannt.

Schaltpläne

Mit einem Schaltplan kann man elektrische Stromkreise übersichtlich darstellen. Jedes elektrische Bauteil wird durch ein Schaltzeichen dargestellt.

Schaltungen

Bei einer UND-Schaltung müssen alle Schalter in einem Stromkreis geschlossen sein, damit ein Strom fließen kann. Bei der ODER-Schaltung muss nur einer von mehreren Schaltern geschlossen werden, damit ein Strom fließen kann.

Elektromagnete

Es gibt kleine und große Elektromagnete. Je größer der Magnet ist, desto größere und schwerere Gegenstände kann er hochheben. Kleine Elektromagnete gibt es in vielen Elektrogeräten. Die Magnetkraft einer stromdurchflossenen Spule kannst du durch ein Eisenstück verstärken.

Lesen wie ein Profi

Zum „Leseprofi" wirst du, wenn du folgende Reihenfolge beim Lesen beachtest:
– den Text überfliegen
– Abschnitte mit Überschriften bilden
– genau lesen und Textstellen markieren
– Inhalte zusammenfassen

Gefahren des elektrischen Stroms

Elektrischer Strom kann tödlich sein. Sicherungen in elektrischen Stromkreisen können uns vor den Gefahren des elektrischen Stroms schützen.

1 Elektrischer Strom kann gefährlich sein.

AUFGABEN

1 ○ Beschreibe, wie ein elektrisches Gerät angeschlossen werden muss, damit es funktionieren kann. Verwende hierbei die Begriffe Spannungsquelle und elektrischer Stromkreis.

    👍 Super! ❓ ► S. 128/129

2 ○ Beschreibe den Weg der Elektronen in einem einfachen Stromkreis.

    👍 Super! ❓ ► S. 132

3 ○ Nenne die drei Wirkungen des elektrischen Stroms.

    👍 Super! ❓ ► S. 141

4 ○ Nenne drei Geräte aus deinem Haushalt, in denen Elektromagnete arbeiten.

    👍 Super! ❓ ► S. 142

5 ○ Elektromagnete haben im Vergleich zu Dauermagneten besondere Eigenschften. Nenne diese Eigenschaften.

    👍 Super! ❓ ► S. 142

6 ○ a) Nenne ein elektrisches Gerät, das mit einer UND-Schaltung betrieben wird.
   ○ b) Begründe, warum dieses Gerät mit einer UND-Schaltung betrieben wird.

    👍 Super! ❓ ► S. 138/139

7 ○ Beschreibe den Unterschied zwischen einem Isolator und einem Leiter.

    👍 Super! ❓ ► S. 134

8 ○ Begründe, warum die Zange eines Elektrikers Handgriffe aus Kunststoff hat.

    👍 Super! ❓ ► S. 134

9 ○ Zeichne einen Schaltplan zu einem Stromkreis, der aus einer Batterie, einer Glühlampe und einem Schalter besteht.

    👍 Super! ❓ ► S. 136/137

10 ○ Begründe, warum ein Stromschlag tödlich sein kann.

    👍 Super! ❓ ► S. 148/149

11 ○ An einer defekten Steckdose kommt es zu einem Kurzschluss. Beschreibe genau, was in der Sicherung dieses Stromkreises bei einem Kurzschluss passiert.

    👍 Super! ❓ ► S. 148/149

12 ● Deine Freundin Lisa behauptet: „Mein Toast ist durch den Wind knusprig geworden." Beurteile, ob diese Behauptung stimmen kann.

    👍 Super! ❓ ► S. 146

2 Wärmewirkung von Strom

► Musterlösungen auf Seite 163   **151**

System

In allen Bereichen der Physik hast du es mit Systemen zu tun. Man spricht von einem System, wenn mehrere Elemente (Einzelteile) zusammen eine Einheit bilden. Dabei erfüllt jedes Element eine bestimmte Aufgabe. Jedes einzelne Element trägt zum Funktionieren des Systems bei.

In der Physik untersucht und beschreibt man die Funktionen der einzelnen Elemente. Außerdem wird geprüft, wie sich die einzelnen Elemente des Systems gegenseitig beeinflussen.

Elektrische Stromkreise

Ein einfacher Stromkreis aus einer Batterie, einer Glühlampe, einem Schalter und Leitungen ist ein System. Wenn das System funktioniert, dann leuchtet die Lampe. Voraussetzung ist, dass alle Elemente richtig miteinander verbunden sind. Außerdem müssen die Teile zueinander passen. Wenn z. B. Lämpchen und Batterie nicht zusammenpassen, kann die Lampe beschädigt werden oder sie leuchtet gar nicht.

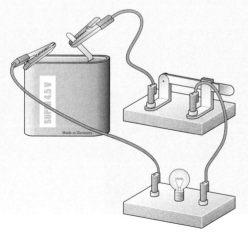

Ein Stromkreis besteht aus mehreren Teilen.

Das Auge

Auch unser Auge ist ein System. Es besteht aus vielen Elementen, z. B. aus der Linse, der Pupille, dem Glaskörper und der Netzhaut.
Man kann das komplizierte System Auge nachahmen mit einem einfachen System aus einer Linse und einem Auffangschirm.
Nur, wenn alle Elemente aufeinander abgestimmt sind, entsteht ein scharfes Bild.

Unser Auge ist ein System aus vielen Elementen.

Sonne, Mond und Erde

Sonne, Erde und unser Mond sind Teile eines Systems, in dem die Sonne das Zentrum bildet. Die Erde bewegt sich um die Sonne herum. Gleichzeitig dreht sich die Erde um ihre eigene Achse. Um die Erde dreht sich unser Mond. Auch er dreht sich dabei um seine eigene Achse.
Durch diese Bewegungen entstehen z. B. Tag und Nacht oder Sonnen- und Mondfinsternisse.

Sonne, Mond und Erde bilden ein System. Die Elemente dieses Systems können sich gegenseitig beeinflussen.

Elektromagnete

Jeder Elektromagnet ist ein System. Die wichtigsten Elemente dieses Systems sind eine Spannungsquelle und eine Spule (ein aufgewickelter Draht). Nur wenn Strom durch die Spule fließt, entsteht ein Magnetfeld. Der Elektromagnet kann Gegenstände anziehen, die z. B. Eisen enthalten. Ohne Strom funktioniert das System nicht mehr.

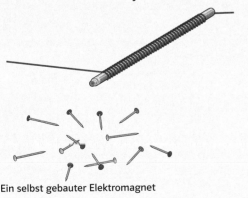

Ein selbst gebauter Elektromagnet

Wetter

Wie ist die Temperatur? Regnet oder schneit es? Welcher Luftdruck herrscht? Wie hoch ist die Luftfeuchtigkeit? Wie stark weht der Wind? Ist der Himmel bewölkt oder klar? Wird es ein Gewitter geben? Das Wetter entsteht durch das Zusammenwirken vieler verschiedener Wetterelemente. Das Wetter ist das messbare Ergebnis eines sehr komplizierten Systems.

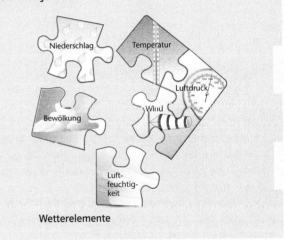

Wetterelemente

AUFGABEN

1　○　Nenne die wichtigsten Elemente eines Elektromagneten.

2　○　a) Ein einfacher Stromkreis ist ein System. Nenne die Elemente des Systems.
　　○　b) Beschreibe an einem Beispiel, dass das System Stromkreis nur funktioniert, wenn jedes Element funktioniert.

3　◐　Beschreibe, wie die verschiedenen Wetterelemente zusammenwirken.

4　◐　Unsere Erde ist Teil eines Systems. Beschreibe das System. Fertige eine Skizze an.

5　◐　Erkläre beispielhaft den Begriff System.

Struktur der Materie

Für Naturwissenschaftler ist ein Stoff all das, aus dem ein Gegenstand oder ein Lebewesen besteht oder das einen Raum erfüllt. Jeder Stoff hat bestimmte, für ihn typische Eigenschaften, die ihn von anderen Stoffen unterscheiden. Alle Stoffe sind aus kleinsten Teilchen aufgebaut. Diese Teilchen sind so klein, dass man sie selbst unter einem Mikroskop nicht sehen kann. Daher verwendet man Modelle wie z. B. das Teilchenmodell, um die Teilchen zu beschreiben.

Das Basiskonzept Struktur der Materie zeigt den Zusammenhang zwischen den kleinsten Teilchen eines Stoffes und seinen Eigenschaften. Dieses Konzept wird dir in den Naturwissenschaften immer wieder begegnen.

Aggregatzustände

Stoffe können in fester, flüssiger oder gasförmiger Form vorliegen. Die Aggregatzustände eines Stoffes lassen sich mithilfe des Teilchenmodells erklären: In einem Feststoff liegen die Teilchen dicht und sehr geordnet aneinander und sind beinahe unbeweglich. Führt man Energie in Form von Wärme zu, so bewegen sich die Teilchen schneller. In Flüssigkeiten sind die Teilchen daher ungeordnet und haben einen größeren Abstand zueinander. Bei Gasen ist der Abstand zwischen den Teilchen noch größer und sie bewegen sich frei.

Häuser in Südeuropa reflektieren das Licht.

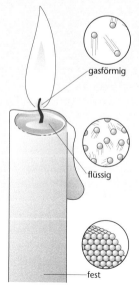

Aggregatzustände

Stoffeigenschaften

Einen Stoff erkennt man an seinen Eigenschaften. Einige Stoffeigenschaften können wir mit unseren Sinnen wahrnehmen: Farbe, Glanz, Oberflächenbeschaffenheit, Geschmack und Geruch. Die Eigenschaften eines Stoffes bestimmen, wozu man den Stoff verwenden kann.

Meistens begegnet dir Wasser in flüssiger Form.

Wasser

Wasser ist für uns Menschen wichtig. Neben dem flüssigen Wasser kennst du auch den gasförmigen Wasserdampf. Der Dampf kondensiert an Fensterscheiben oder Brillengläsern. Eis, Wasser in fester Form, hast du im Sommer in deinem kühlen Getränk. Wasser hat die Besonderheit, dass es sich bei Temperaturen unter 4 °C ausdehnt.

Trennverfahren

Da sich die einzelnen Bestandteile eines Stoffgemischs in verschiedenen Eigenschaften unterscheiden, kann man diese zur Trennung nutzen. Eisenhaltige Stoffgemische lassen sich mithilfe eines Magneten trennen. Der Magnet zieht nur die ferromagnetischen Anteile an, z. B. Eisen, die anderen Stoffe bleiben zurück.

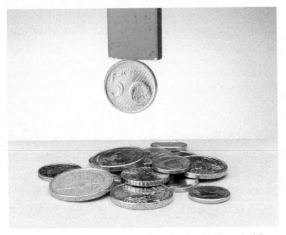
Viele verschiedene Münzen sind auch ein „Stoffgemisch".

Werk- und Gebrauchsstoffe

Die Eigenschaften eines Stoffes bestimmen, wozu wir den Stoff verwenden können. So verwendet man beispielsweise Kupfer als Stromleiter, da es eine gute elektrische Leitfähigkeit hat. Die Isolierung um das Kabel besteht dagegen aus Kunststoff. Kunststoff leitet den elektrischen Strom nicht.

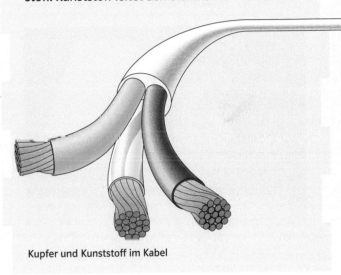
Kupfer und Kunststoff im Kabel

AUFGABEN

1 ○ Nenne verschiedene Stoffeigenschaften.

2 ◕ Begründe, warum die Schraubendreher für Elektriker aus Kunststoff und nicht aus Holz gefertigt sind.

3 ◕ Mit dem Teilchenmodell kannst du physikalische Phänomene erklären. Suche Beispiele für Modelle in deinem Alltag. Erkläre, worin sie sich vom Original unterscheiden.

4 ● Erkläre an drei Beispielen, wie die Nutzung eines Stoffes von seinen Eigenschaften abhängt.

Energie

Energie kannst du nicht sehen, aber überall spüren. Wenn du vom Drei-Meter-Brett springst, besitzt dein Körper Energie, weil dich die Erde anzieht. Das spürst du spätestens, wenn du auf dem Wasser ankommst. Auch wenn du aus Versehen gegen einen Pfosten rennst, spürst du die Energie deines bewegten Körpers.

Eine ganz andere Form der Energie ist die Wärmeenergie, die oft auch als Wärme bezeichnet wird. Ohne diese Energie wäre kein Leben auf der Erde denkbar, denn alle Organismen sind davon abhängig. Sie ist bei vielen alltäglichen Vorgängen wichtig, beispielsweise beim Kochen.

Lampe

Energie im Alltag

Elektrische Energie nutzen wir oft im täglichen Leben, beispielsweise bei elektrischen Haushaltsgeräten. Diese Haushaltsgeräte wandeln die elektrische Energie in andere Energieformen um. So wandelt eine Herdplatte elektrische Energie in Wärme um. Eine Küchenmaschine erzeugt damit Bewegungsenergie. Eine Glühlampe wandelt die elektrische Energie in Wärme und Licht um. Der Elektromagnet wiederum erzeugt dadurch seine magnetische Wirkung.

Energiegewinnung

In Kraftwerken verschiedener Art wird elektrische Energie für unser tägliches Leben bereitgestellt. Solche „Energiewerke" sind z. B. Wärmekraftwerke, Windkraftwerke oder Wasserkraftwerke. In Wärmekraftwerken werden fossile Energieträger wie Kohle, Erdöl oder Erdgas verbrannt. Windkraftwerke nutzen die regenerative Energie des Winds. Der Wind bewegt einen Propeller, dieser Propeller dann den Generator. Der Generator erzeugt schließlich den elektrischen Strom. In windreichen Gegenden, wie beispielsweise an der Küste oder im Bergland, entstehen aktuell riesige Windparks. Viele Windenergieanlagen erreichen bereits ab einer Windgeschwindigkeit von 3 m/s ihre volle Leistung von 1,5 MW. Damit können etwa 4000 Menschen mit elektrischem Strom versorgt werden. Bei Wasserkraftwerken unterscheiden wir Speicherkraftwerke, Laufwasserkraftwerke und Pumpspeicherkraftwerke.

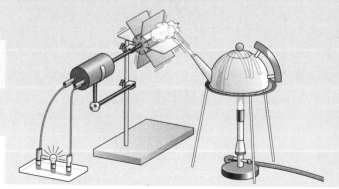

Modell eines Wärmekraftwerks

Sonnenenergie

Die Sonne ist für uns Menschen nicht nur ein Himmelskörper von vielen, sondern unser wichtigster Energielieferant. Ihr Licht und ihre Wärme haben die Bedingungen geschaffen, durch die das Leben auf der Erde möglich wurde.
Fast jede Energieform, die die Menschen nutzen, ist umgewandelte Sonnenenergie. Die Sonne lässt die Pflanzen wachsen. Solarzellen auf den Dächern der Häuser wandeln Sonnenenergie direkt in elektrische Energie um. Sonnenkollektoren nutzen die Sonnenenergie bei der Erwärmung von Wasser.

Parkscheinautomat mit Solarzellen

Energie im Wandel

Das tägliche Leben ohne Energieumwandlungen in Geräten und Maschinen ist für uns nicht mehr denkbar. Eine der wichtigsten Energieformen ist hierbei die elektrische Energie. Wir sind von elektrischen Geräten umgeben. Alle elektrischen Geräte sind Energiewandler. So wird zum Beispiel in einem Toaster elektrische Energie in Wärme umgewandelt.

Der Toaster wandelt elektrische Energie in Wärme um.

AUFGABEN

1 ○ Haushaltsgeräte wandeln elektrische Energie in verschiedene Energieformen um. Nenne diese „neuen" Energieformen und zähle für jede Energieform ein Gerät auf.

2 ○ Beschreibe, wie ein Windkraftwerk funktioniert.

3 ◐ Du sitzt mit Lea im Ferienlager am Lagerfeuer. Lea sagt zu dir: „Wir wärmen uns gerade durch Sonnenenergie." Nimm Stellung zu ihrer Behauptung.

4 ● Vergleiche fossile und regenerative Energiequellen. Stelle die Vor- und Nachteile dieser Energiequellen in einer Tabelle dar.

Wechselwirkung

„Woher kommt das? Was ist die Ursache?" Dies sind Fragen, die sich Forscher häufig stellen. Um naturwissenschaftliche Erscheinungen zu verstehen und später nutzen zu können, muss man herausfinden, welche Ursache sie haben. Außerdem ist es wichtig zu wissen, wie Ursache und Wirkung genau zusammenhängen.

Dann wird es möglich, Vorhersagen über die Entwicklung von Abläufen zu treffen und diese zu steuern.

Magnetfelder

Jeder Magnet hat ein Magnetfeld. Das Magnetfeld selbst ist nicht sichtbar, aber an seinen Wirkungen zu erkennen.
Das Magnetfeld ist die Ursache für verschiedene Wirkungen: Wenn man zwei Nordpole einander nähert, dann stoßen sie sich ab. Wenn man einen Nordpol und einen Südpol einander nähert, dann ziehen sie sich an.

Schwebender Magnet

Kräfte und ihre Wirkungen

Kräfte kannst du nicht sehen, du kannst sie nur an ihren Wirkungen erkennen. Kräfte sind zum Beispiel die Ursache für die Verformung von Gegenständen. Kräfte sind auch die Ursache für die Beschleunigung, Abbremsung und Richtungsänderung von bewegten Gegenständen.

Kräfte erkennt man an ihren Wirkungen.

Reflektor am Fahrrad

Farbe – Reflexion und Absorption

Gegenstände siehst du nur, wenn sie Licht in deine Augen reflektieren. Du siehst sie umso besser, je mehr Licht sie reflektieren.

Gegenstände mit dunkler Oberfläche sind schlecht zu sehen. Sie absorbieren (verschlucken) das Licht. Dunkel gekleidete Fußgänger erkennst du nachts deshalb nur schwer. Gegenstände mit heller Oberfläche reflektieren viel Licht. Sie sind gut sichtbar. Deshalb erkennen Autofahrer hell gekleidete Fußgänger nachts im Scheinwerferlicht besser. Auch die Reflektoren an deinem Fahrrad, am Schulranzen oder an der Kleidung sollen dich durch Reflexion schützen.

Elektrische Sicherungen

Der elektrische Strom kann tödliche Wirkungen für uns Menschen haben: Der elektrische Strom kann unser Herz aus dem Takt bringen und einen Herzstillstand bewirken.

Im Haushalt kann der elektrische Strom auch noch andere gefährliche Wirkungen haben: Wenn der Stromfluss wegen eines Kurzschlusses zu stark wird, dann kann ein Brand ausgelöst werden. Um das zu verhindern, werden die Stromkreise durch Sicherungen geschützt. Die Sicherungen unterbrechen den Stromkreis und beseitigen die Gefahr.

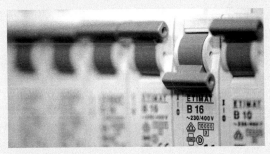

Sicherungen schützen.

AUFGABEN

1 ○ Sicher ist bei dir zu Hause schon einmal der Strom ausgefallen, weil eine Sicherung „herausgesprungen" ist. Beschreibe, wie es zu einem solchen Stromausfall kommen kann.

2 ◐ Zwei Magnete wirken aufeinander ein, ohne sich zu berühren. Plane und beschreibe Versuche, mit denen du dies zeigen kannst.

3 ◐ Max möchte eine Nachtwanderung unternehmen. Beschreibe und begründe, wie er sich kleiden sollte.

4 ● Recherchiere die drei Arten von Sicherungen in einem normalen Sicherungskasten.

Musterlösungen

1 Arbeiten wie die Naturwissenschaftler

1 Bei Versuchen mit elektrischem Strom werden nur Batterien oder Netzgeräte verwendet. Experimente mit elektrischem Strom aus der Steckdose sind lebensgefährlich und verboten.

2 Informationen finde ich über eine Suchmaschine oder direkt über die richtige Internetadresse.

3 Zu einem Versuchsprotokoll gehören:
- die Versuchsfrage
- das verwendete Material
- der Versuchsaufbau
- die Beobachtung
- das Ergebnis

4 Ich teile meiner Klasse meine Ergebnisse beispielsweise in einem Vortrag oder durch ein Plakat mit.

5 Ich kann einen Vortrag mit folgenden Materialien interessant machen:
- Bilder
- Folien mit Ergebnissen, Tabellen oder Zeichnungen
- die Tafel zum Aufschreiben wichtiger Informationen

6 a) Sicherheitseinrichtungen im Fachraum sind:
- Schild „Fluchtweg"
- Feuerlöscher, Löschdecke
- Erste-Hilfe-Kasten
- Augendusche
- NOT-AUS-Schalter
b) Die Sicherheitseinrichtungen sind aus folgenden Gründen sinnvoll:

- Das Schild „Fluchtweg" zeigt den Weg ins Freie, wenn z. B. ein Feuer ausgebrochen ist.
- Mit dem Feuerlöscher und der Löschdecke kann man ein Feuer bekämpfen.
- Wenn sich eine Person verletzt hat, findet man im Erste-Hilfe-Kasten sofort geeignetes Erste-Hilfe-Material.
- Mit der Augendusche kann ein Auge ausgespült werden, in das ein gefährlicher Stoff gelangt ist.
- Mit dem NOT-AUS-Schalter kann man bei einem Unfall mit elektrischem Strom sofort alle Stromkreise im Fachraum unterbrechen.

7 a) Möglich sind zum Beispiel:
- Bei einem Vortrag muss ich laut und deutlich sprechen.
- Ich schaue meine Zuhörer an.
- Ich trage meine Ergebnisse möglichst frei vor und lese nicht alles ab.
- Wichtige Dinge habe ich vorher in meinen Unterlagen markiert.
- Ich trage nur das vor, was ich auch verstanden habe.
- Ich benutze möglichst wenige Fremdwörter.
b) Mögliche Begründungen:
- Ich spreche laut und deutlich, damit mich jeder verstehen kann.
- Ich schaue meine Zuhörer an, weil ich Ihnen etwas mitteilen will und ich dann sehen kann, ob jemand eine Frage hat.
- Ich trage meine Ergebnisse möglichst frei vor, damit ich meine Zuhörer anschauen kann.

- Ich trage nur das vor, was ich auch verstanden habe. Dort kann ich die Fragen der Zuhörer beantworten.
- Ich benutze möglichst wenige Fremdwörter, damit mein Vortrag verständlich ist.

8 Mit der Luftzufuhr werden die Flammenarten eingestellt. Ist die Luftzufuhr geschlossen, entsteht eine leuchtende Flamme. Ist die Luftzufuhr halb geöffnet, entsteht eine nicht leuchtende Flamme. Ist die Luftzufuhr vollständig geöffnet, entsteht eine rauschende Flamme.

9 a) Bei der Planung eines Versuchs muss ich zuerst eine Versuchsfrage formulieren und eine Vermutung aufstellen, wie der Versuch verlaufen könnte. Dann denke ich über den Aufbau und das Material nach.
b) Während des Versuchs muss ich genau beobachten und alle Beobachtungen und Messwerte in einem Protokoll notieren.
c) Nach dem Versuch werden alle Beobachtungen und Messwerte ausgewertet: Hierzu beantworte ich die Versuchsfrage.

10 In Fachräumen darf nicht gegessen und nicht getrunken werden, weil auch mit gefährlichen Stoffen experimentiert wird. Diese oder Reste davon könnten beim Essen oder Trinken in den Körper gelangen.

11 Mehrere Lösungen:
Wenn mit dem Gasbrenner gearbeitet wird, können alle überflüssigen Gegenstände (zum Beispiel Bücher oder Hefte) zu

einer Gefahr werden: Kippt der Gasbrenner um, kann es leicht zu einem Brand kommen.

2 Temperatur, Wärme, Wetter

1 Feste Körper dehnen sich aus, wenn sie erwärmt werden.

2 Das Kondensieren von Wasserdampf beobachtet man zum Beispiel
   – beim Kochen in der Küche an kalten Flächen wie Fliesen oder Fenstern,
   – nach dem Duschen im Badezimmer an kalten Flächen wie Fliesen oder Fenstern.

3 Wetter und Klima werden von den verschiedenen Wetterelementen bestimmt.
   Beim Wetter betrachtet man die Wetterelemente zu einer bestimmten Zeit an einem bestimmten Ort.
   Beim Klima betrachtet man die Wetterelemente über einen längeren Zeitraum in einem größeren Gebiet.

4 Für den Wetterbericht werden Wetterdaten gesammelt. Mit diesen Wetterdaten kann eine Wetterkarte erstellt werden. Mithilfe mehrerer zeitlich aufeinander folgender Wetterkarten kann eine Wettervorhersage erstellt werden.

5 An der Hand, die vom kalten Wasserstrahl kommt, spürst du Wärme. An der Hand, die vom sehr warmen Wasserstrahl kommt, empfindest du Kälte. Dies liegt am Temperatursinn des Menschen.

Unser Temperatursinn lässt sich täuschen, denn unsere Empfindung hängt davon ab, was wir vorher gespürt haben.

6 Temperaturen können wir am Thermometer ablesen. Wärme ist aber etwas anderes: Wärme kann übertragen werden und verändert damit die Temperatur. Ein Beispiel: Es werden 1 Liter Wasser und 2 Liter Wasser von 20 °C auf 50 °C erwärmt. Dazu wird Wärme zugeführt. Die Temperatur ist nachher in beiden Fällen gleich, nämlich 50 °C. Der Unterschied: Bei den 2 Litern Wasser musste mehr Wärme zugeführt werden, um die Temperatur von 50 °C zu erreichen.

7 Ein Thermometer funktioniert so: Im Thermometer befindet sich eine Flüssigkeit. Wenn es wärmer wird, dann dehnt sich die Flüssigkeit aus. Dies können wir an der Skala des Thermometers sehen: Die Flüssigkeitssäule steht höher. Wenn es kälter wird, dann zieht sich die Flüssigkeit zusammen. Auch dies können wir an der Skala des Thermometers sehen: Die Flüssigkeitssäule steht tiefer. An der Skala können wir jeweils die Temperaturwerte ablesen.

8 Am Boden des Sees, wo sich im Winter die Fische aufhalten, ist es +4 °C. Dies liegt an der Anomalie des Wassers: Bei +4 °C hat sich Wasser am stärksten zusammengezogen. Das Wasser mit dieser Temperatur sinkt daher zu Boden. Daher ist der Boden des Sees nicht zugefroren und die Fische überleben.

9 Die Kerze besteht aus Wachs. Das Wachs wird erwärmt. Es wird zunächst flüssig und verdampft dann. Das verdampfte Wachs brennt dann.

10 Kohle, Erdöl und Erdgas sind vor Millionen Jahren aus Pflanzen oder Lebewesen entstanden. Diese wiederum sind durch die Energie der Sonne gewachsen. Wenn heute Kohle, Erdöl und Ergas verbrannt werden, dann wird die gespeicherte Sonnenenergie wieder frei.

11 Man sollte sich die Wettervorhersage sehr genau ansehen. Dabei ist vor allem auf Temperatur und Regen zu achten.

12 Bei der Berechnung der Jahresmitteltemperatur geht man so vor: Die Monatsmitteltemperaturen werden zusammengezählt und die Summe wird durch 12 geteilt.

13 Man sollte den Pkw im Sommer nicht randvoll betanken, weil sich Flüssigkeiten ausdehnen, wenn sie erwärmt werden. Für den Tank des Pkw bedeutet das: Das kalte Benzin wird erwärmt und dehnt sich im Tank aus. Es läuft dann aus dem Tank heraus.

14 Am Äquator wird die Erde immer gleich stark von der Sonne beschienen. Am Äquator gibt es daher keine Jahreszeiten.

3 Sehen und Hören

1 Beispiele: Sonne, Kerzenflamme, eingeschaltete Glühlampe

2 Das Licht breitet sich geradlinig in alle Richtungen aus.

3 Ein Lichtstrahl ist ein sehr dünnes Lichtbündel.

4 Wichtige Teile des menschlichen Gehörs:
Außenohr: Ohrmuschel bis Trommelfell
Mittelohr: Gehörknöchelchen (Hammer, Amboss, Steigbügel)
Innenohr: Hörschnecke mit Gleichgewichtsorgan

5 Blinde Menschen haben das Gehör, den Blindenhund, den Langstock und die Blindenschrift als Hilfsmittel.

6 Beim Kinoerlebnis ist die Leinwand der Sender. Die Botschaft ist der Film in Form von Bildern und Schall. Der Empfänger ist der Kinobesucher mit seinen Augen und Ohren.

7 Siehe Skizze in Bild 1 auf S. 59.

8 Zusätzlicher Schutz für die Augen:
a) Sonnenbrille: Schutz vor Sonnenlicht (UV-Strahlen) → bei sonnigem Wetter und starker Sonnenstrahlung
b) Taucherbrille: Schutz vor salzigem Wasser → Tauchsport
c) Schutzbrille: bei Schweißerarbeiten zum Schutz vor sprühenden Funken → Schutz vor Verbrennungen

d) Schweißband: schützt vor herablaufendem Schweiß bei Anstrengung → Sport

9 Siehe Bild 1 auf S. 64/65.

10 Ob ein Ton bei einer Gitarre hoch oder tief ist, hängt von der Länge der Saite ab. Wenn man die Saite verkürzt, dann wird der Ton höher. Die Verkürzung der Saite gelingt durch das Abgreifen der Bünde.

11 a) Das Licht breitet sich sehr schnell aus. Es ist fast sofort beim Beobachter. Der Schall benötigt eine längere Zeit zur Ausbreitung, nämlich 1 Sekunde für 340 Meter.
b) In 1 Sekunde legt der Schall 340 Meter zurück. In 4 Sekunden legt der Schall des Donners 4 · 340 m = 1260 m zurück. Das Gewitter ist also 1260 Meter (1,26 Kilometer) entfernt.

12 In der Mitte der Iris, der sogenannten Regenbogenhaut, liegt die Pupille. Dabei handelt es sich um ein Sehloch, durch das die Lichtstrahlen auf die Linse einfallen. In der Linse kreuzen sich die Lichtstrahlen – ähnlich wie bei einer Lochkamera. Der „Schirm" der Lochkamera ist die Netzhaut, auf der das Bild abgebildet wird. Es wird, wie auch bei einer Lochkamera, verkehrt herum abgebildet.

13 a) Weiße Kleidung reflektiert den größten Teil des Sonnenlichts. Schwarze Kleidung absorbiert den größten Teil. Unter der schwarzen Kleidung wird es für den Träger wärmer.

b) Man legt ein schwarzes und ein weißes T-Shirt nebeneinander an einen sonnigen Platz und legt jeweils ein Thermometer darunter. Wird nach bestimmten Zeitabständen die Temperatur abgelesen, kann man feststellen, dass unter dem schwarzen T-Shirt die Temperatur stärker ansteigt.

14 Die Behauptung stimmt. Der Wasserfilm auf der Straße wirkt als Spiegel und reflektiert das Licht sehr viel stärker als eine trockene Straßendecke.
Vor allem bei Dunkelheit ist die Blendung für Autofahrer besonders stark.

4 Kräfte und Körper

1 Kräfte erkennt man an ihren Wirkungen. Sie können Gegenstände verformen, beschleunigen, abbremsen und die Bewegungsrichtung verändern.

2 Mit einem Federkraftmesser kannst du die Gewichtskraft von Gegenständen messen. Hänge hierzu den Gegenstand an den Haken des Federkraftmessers. Die Feder im Federkraftmesser dehnt sich nun nach unten. Wie weit sich die Feder ausdehnt, kannst du an der Skala sehen. An der Skala kannst du nun die Gewichtskraft des Gegenstands ablesen.

3 Die Schraubenfeder wird mit einem 300 g-Wägestück dreimal so stark gedehnt, d. h. sie hat nun eine Länge von 45 cm.

4 Ein Hebel ist ein Gegenstand, der einen Drehpunkt und zwei Hebelarme besitzt. Mit einem Hebel kann Kraft gespart werden: Je länger der Hebelarm wird, desto kleiner wird der Kraftaufwand.

5 Magnete ziehen beispielsweise Eisen und Nickel an.

6 a) Die Magnete stoßen sich ab.
b) Die Magnete stoßen sich ab.
c) Die Magnete ziehen sich an.

7 Man legt einen Magneten auf eine Glasplatte und streut Eisenfeilspäne darauf. Diese wirken wie winzige Stabmagnete. Sie richten sich aufgrund der Magnetkräfte in sichtbaren Linien, den Feldlinien, aus.

8 a) Der Handball wird abgebremst.
b) Die Eisenkugel wird aus ihrer Bahn abgelenkt.
c) Die Schneekugel wird beschleunigt. Beim Aufprall gegen den Baum wird sie verformt.
d) Die Sitzfläche des Sessels wird verformt.
e) Das Flugzeug wird abgebremst.

9 a) Bei 2 losen Rollen beträgt die Kraft 600 N, der Kraftweg 8 m.
b) Bei 3 losen Rollen beträgt die Kraft 400 N, der Kraftweg 12 m.

10 a) Der Nussknacker ist ein einseitiger Hebel, da die Hebelarme auf der gleichen Seite des Drehpunkts liegen. Je länger der Hebelarm, desto kleiner der benötigte Kraftaufwand beim Knacken der Nussschalen.

b) Die Schubkarre ist ein einseitiger Hebel, bei dem der Boden der zweite Hebelarm ist. Die Kneifzange ist ein zweiseitiger Hebel, mit der Halterung des Objekts als zweiter Hebelarm.

5 Elektrizität und ihre Wirkungen

1 Ein elektrisches Gerät hat zwei Anschlüsse. Einer der Anschlüsse muss mit dem einen Pol der Spannungsquelle, der andere Anschluss mit dem anderen Pol der Spannungsquelle verbunden werden. Auf diese Weise wird der elektrische Stromkreis geschlossen.

2 Die Elektronen fließen durch die Leitungen vom Minuspol, durch ein elektrisches Gerät, zum Pluspol der Spannungsquelle.

3 Der elektrische Strom hat eine Wärmewirkung, eine Lichtwirkung und eine magnetische Wirkung.

4 Beispiele: Handmixer, Staubsauger, Rasenmäher

5 Wenn man die Anschlüsse an der Spannungsquelle vertauscht, polt man den Elektromagneten um.

6 a) Die UND-Schaltung findet man zum Beispiel bei einer Papierschneidemaschine.
b) Die Papierschneidemaschine wird mit einer UND-Schaltung betrieben, weil damit Verletzungen vermieden werden: Die Papierschneidemaschine schneidet das Papier nur dann,

wenn mit jeder Hand ein Schalter betätigt wird. So verhindert man, dass die Hände verletzt werden.

7 Leiter sind Stoffe, die den elektrischen Strom leiten. Isolatoren hingegen sind Stoffe, die den elektrischen Strom nicht leiten.

8 Kunststoff ist ein Isolator. Die Handgriffe aus Kunststoff leiten den elektrischen Strom nicht. Falls der Elektriker mit seiner Zange eine Spannungsquelle berührt, ist er durch den Kunststoff des Handgriffs vor einem Stromschlag geschützt.

9 Siehe Bild 2 auf Seite 236/237.

10 Unser Herz wird durch elektrische Signale unseres Körpers gesteuert. Ein Stromschlag kann unser Herz daher aus dem Takt und sogar zum Stillstand bringen.

11 Bei einem Kurzschluss steigt der Stromfluss stark an. Die Sicherung unterbricht dann den Stromkreis. Dies kann auf unterschiedliche Weise geschehen: Bei einer Schmelzsicherung schmilzt ein Draht durch. Bei einem Sicherungsautomaten wird ein Schalter umgelegt.

12 Diese Behauptung stimmt dann, wenn Lisas Toaster die elektrische Energie eines Windkraftwerks nutzt. Die durch den Wind erzeugte elektrische Energie würde dann in dem Toaster in Wärme umgewandelt werden, die Lisas Toast knusprig macht.

Jede Aufgabe enthält einen klaren Arbeitsauftrag an dich, du musst ihn nur richtig erkennen. Je nach Formulierung erwartet deine Lehrerin oder dein Lehrer ganz unterschiedliche Antworten von dir. Diese Liste hilft dir, Arbeitsaufträge richtig zu verstehen und zu bearbeiten.

angeben/aufschreiben/aufzählen/nennen
Begriffe, Informationen oder Aussagen zusammentragen

auswerten
Ergebnisse und Schlüsse zum Beispiel aus einem Text oder Diagramm ziehen

begründen
Ursachen, Gesetze oder Beweise für etwas anführen

beschreiben
eine Sache durch Fachbegriffe und in eigenen Worten wiedergeben

beurteilen
erkennen, ob eine Aussage zutrifft, und das Ergebnis begründen

bewerten/Stellung nehmen
dir eine eigene Meinung bilden, begründen und äußern, wie du zu dem Sachverhalt stehst (gut oder schlecht)

darstellen
eine Sache mit Fachbegriffen, eigenen Worten und einer Zeichnung wiedergeben

diskutieren
Meinungen austauschen, einander gegenüberstellen und abwägen

dokumentieren/protokollieren
alles Wichtige zu einem Thema oder Versuch aufschreiben und aufzeichnen

eine Vermutung aufstellen
überlegen, was das Ergebnis sein könnte

einen Versuch planen
überlegen, wie ein Versuch aufgebaut, durchgeführt und ausgewertet werden könnte

erklären
eine Sache mit Regeln, Gesetzmäßigkeiten oder Ursachen darstellen

erläutern
eine Sache nachvollziehbar und verständlich darstellen

präsentieren
ein Referat, ein Plakat oder das Ergebnis einer Gruppenarbeit vorstellen

recherchieren
zu einem bestimmten Thema Informationen sammeln

skizzieren
eine Zeichnung erstellen, die nur das Wichtigste enthält

(über)prüfen
kontrollieren, ob Regeln, Inhalte oder Aussagen zutreffen

untersuchen
mit Fragen oder Versuchen herausfinden, ob bestimmte Merkmale und Fakten vorhanden sind

vergleichen
Dinge in Beziehung setzen und erkennen, was gleich, ähnlich oder unterschiedlich ist

zusammenfassen
das Wichtigste herausschreiben oder wiedergeben

Bildnachweis

U1.1 Getty Images (Taxi/Jacques Copeau), München; **U1.2** Getty Images RF (PhotoAlto/Michele Constantini), München; **2.1** Avenue Images GmbH (PhotoAlto/Michele Constantini), Hamburg; **2.2** plainpicture GmbH & Co. KG (Readymade-Images/Stephan Abry), Hamburg; **3.3** plainpicture GmbH & Co. KG (Christoph Eberle), Hamburg; **3.4** plainpicture GmbH & Co. KG (Lisa Krechting), Hamburg; **4.5** Avenue Images GmbH (Digital Vision), Hamburg; **4.6** plainpicture GmbH & Co. KG RF (PhotoAlto/Isabelle Rozenbaum), Hamburg; **5.7** Getty Images (Stock4B/Rose/Mueller), München; **5.8** plainpicture GmbH & Co. KG (Elektrons 08), Hamburg; **6.1** Klett-Archiv (Dr. Klaus Hell), Stuttgart; **6.2** Corbis (Randy Faris), Düsseldorf; **7.3** Getty Images RF (bleimages), München; **7.4** Getty Images (Tetra Images), München; **7.5** Alamy Images (Nordicphotos/Atli Mar), Abingdon, Oxon; **10.1** Getty Images RF (Photodisc/Manchan), München; **12.2A; 12.2B; 12.2C** Klett-Archiv (Werkstatt Fotografie), Stuttgart; **14.1** Klett-Archiv, Stuttgart; **18.1A** Wikimedia Deutschland (PD), Berlin; **18.1B** Wikimedia Deutschland (CC/BY/SA3.0/Luigi Chiesa), Berlin; **19.3** Klett-Archiv (Georg Trendel), Stuttgart; **20.1A; 20.1B** Klett-Archiv (Werkstatt Fotografie), Stuttgart; **21.2** Klett-Archiv (Peter Nierhoff), Stuttgart; **22.1** plainpicture GmbH & Co. KG (Folio Images), Hamburg; **22.2** plainpicture GmbH & Co. KG (Design Pics), Hamburg; **22.3** Getty Images (Taxi/Cavan Images), München; **23.4** Getty Images RF (Junos), München; **23.5** plainpicture GmbH & Co. KG (Design Pics), Hamburg; **23.6** Getty Images RF (Stocktrek Images), München; **24.1** iStockphoto (stevecoleccs), Calgary, Alberta; **26.2** shutterstock (Poznyakov), New York, NY; **29.2** Klett-Archiv (Hartmut Fahrenhorst), Stuttgart; **30.3** Klett-Archiv, Stuttgart; **31.1** Klett-Archiv (Klaus Hell), Stuttgart; **32.1; 32.2; 32.3** Klett-Archiv (Zuckerfabrik digital), Stuttgart; **32.4** shutterstock (Fred Hendriks), New York, NY; **32.5** Fotolia.com (Fotolyse), New York; **32.6** Corel Corporation Deutschland, Unterschleissheim; **34.1** Mauritius Images (Gilsdorf), Mittenwald; **34.2** Fotosearch Stock Photography (PhotoDisc), Waukesha, WI; **34.3** IBM Deutschland GmbH; **36.1A** MEV Verlag GmbH, Augsburg; **36.1B** creativ collection Verlag GmbH, Freiburg; **36.1C** Fotolia.com (Andreas Ryser), New York;

36.1D Fotolia.com (Travelfish), New York; **37.1** iStockphoto (mbbirdy), Calgary, Alberta; **37.2** shutterstock (Shifted), New York, NY; **37.3** MEV Verlag GmbH, Augsburg; **38.1** Fotolia.com (Frog 974), New York; **40.1** Avenue Images GmbH (Image Source), Hamburg; **40.2** shutterstock (Ingrid Balabanova), New York, NY; **40.3** Klett-Archiv (Eycke Fröchtenicht), Stuttgart; **42.1A; 42.1B** Klett-Archiv (Dr. Klaus Hell), Stuttgart; **42.1C** iStockphoto (KingWu), Calgary, Alberta; **44.1** Thinkstock (iStockphoto), München; **44.2** MEV Verlag GmbH, Augsburg; **44.3** iStockphoto (Chieh Cheng), Calgary, Alberta; **44.4** shutterstock (Kurbatova Vera), New York, NY; **44.5** Fotolia.com (Alexey Usachev), New York; **45.1** Mauritius Images (Lehn), Mittenwald; **45.2; 45.6** Klett-Archiv (Dr. Klaus Hell), Stuttgart; **45.3** Wilh. Lambrecht GmbH, Göttingen; **45.4** Fotolia.com (Alex White), New York; **45.5** Picture-Alliance (Stefan Sauer), Frankfurt; **46.1** Fotolia.com (calimero), New York; **48.1** Deutscher Wetterdienst, Offenbach; **49.3** Corbis (Roger Garwood & Trish Ainslie), Düsseldorf; **49.4** Fotolia.com (PicMan), New York; **49.5** Klett-Archiv (Dr. Klaus Hell), Stuttgart; **50.1** creativ collection Verlag GmbH, Freiburg; **52.1** Getty Images (Taxi/Shannon Fagan), München; **52.2** plainpicture GmbH & Co. KG (Elektrons 08), Hamburg; **53.3** f1 online digitale Bildagentur, Frankfurt; **53.4** Getty Images (LOOK), München; **54.1A** dreamstime.com (Hans Jacob Solgaard), Brentwood, TN; **54.1B** Fotolia.com (Tristan3D), New York; **54.1C** shutterstock (Hannamariah), New York, NY; **54.1D** Thinkstock (Paul Tearle), München; **57.1** Thinkstock (iStockphoto), München; **57.2** Klett-Archiv, Stuttgart; **57.3** NASA, Washington, D.C.; **60.1** Getty Images RF (PhotoDisc), München; **62.1** Maiworm, Michael (Michael Maiworm), Sprockhövel; **62.2** Klett-Archiv (Maiworm, Michael), Stuttgart; **65.4** Klett-Archiv (Wilhelm Bredthauer, Peter Wessels), Stuttgart; **65.5** Klett-Archiv, Stuttgart; **69.2** MEV Verlag GmbH, Augsburg; **70.1** Thinkstock (Hemera), München; **70.2** MEV Verlag GmbH, Augsburg; **74.1** Mauritius Images (Alamy), Mittenwald; **74.2** Mauritius Images (Seymour), Mittenwald; **74.3** Busch + Müller KG, Meinerzhagen; **75.4** Ullstein Bild GmbH (imagebroker. net/Michael Weber), Berlin; **75.6** Ullstein Bild GmbH (imagebroker. net/

Jochen Tack), Berlin; **76.1** iStockphoto (Plus), Calgary, Alberta; **77.1** Mauritius Images (Simon Sims), Mittenwald; **79.4** M.C. Escher's "Waterfall" (C) 2011 The M.C. Escher Company-Holland. All rights reserved. www.mcescher.com; **81.1** Fotolia.com (Jake Hellbach), New York; **81.2** Klett-Archiv (Weccard), Stuttgart; **81.3** Fotolia.com (jörn buchheim), New York; **81.4** shutterstock (Rd), New York, NY; **81.5** PantherMedia GmbH (Birgit Reitz-Hofmann), München; **81.6** Fotolia.com (Christopher Martin), New York; **83.2** shutterstock (Douglas Freer), New York, NY; **83.3** Fotolia.com (marc heavier), New York; **87.5** Klett-Archiv (Marion Barmeier), Stuttgart; **93.1** Fotolia.com (Ingo Bartussek), New York; **93.2** f1 online digitale Bildagentur (doc-stock RM), Frankfurt; **93.3** iStockphoto (Loretta Hostettler), Calgary, Alberta; **93.4** Getty Images RF (UpperCut Images/Vstock), München; **93.5** Fotolia.com (Klaus Eppele), New York; **96.1** Fotolia.com (focus finder), New York; **96.2** Ullstein Bild GmbH (CHROMORANGE/Harald Richter), Berlin; **100.1** Getty Images (Photo Researchers), München; **100.2** Getty Images (amana images), München; **101.3** Getty Images (Taxi/Barbara Peacock), München; **101.4** plainpicture GmbH & Co. KG (mia takahara), Hamburg; **102.2** Interfoto (Kulturgesch. Bildarchiv Hansmann), München; **104.1** Thinkstock (iStockphoto), München; **105.1** Klett-Archiv, Stuttgart; **106.1** Klett-Archiv, Stuttgart; **107.2** Klett-Archiv (Ginger Neumann), Stuttgart; **108.2** Klett-Archiv (Klaus Hell), Stuttgart; **109.4** Klett-Archiv (Zuckerfabrik digital), Stuttgart; **109.3A; 109.3B** Ciprina, Heinz-Joachim, Dortmund; **112.2** Klett-Archiv (Ginger Neumann), Stuttgart; **113.3** Klett-Archiv, Stuttgart; **113.4** Klett-Archiv (Ginger Neumann), Stuttgart; **114.1; 114.3** Klett-Archiv (Toni Wiedemann), Stuttgart; **114.2** Klett-Archiv (Erwin Spehr), Stuttgart; **115.1A** ADAC, München; **115.1B** Mauritius Images (ACE), Mittenwald; **115.1C** iStockphoto (Matej Michelizza), Calgary, Alberta; **117.3** Getty Images (Photo Researchers/GIPhotoStock), München; **118.1** Thinkstock (Stockbyte), München; **118.2** Getty Images RF (fStop/Caspar Benson), München; **118.3** Getty Images (AFP/Fayez Nureldine), München; **118.4** BigStockPhoto.com (alix marina), Davis, CA; **118.5** Thinkstock (iStockphoto), München; **119.1** NASA, courtesy Rick Kohrs/UW-SSEC; **121.3** Ulrich Niehoff

1. Auflage   1 ^{6} ^{5} ^{4} ^{3} ^{2} | 17 16 15 14 13

Alle Drucke dieser Auflage sind unverändert und können im Unterricht nebeneinander verwendet werden.
Die letzte Zahl bezeichnet das Jahr des Druckes.

Autorinnen und Autoren: Jürgen Birkner, Simone Dietze, Roland Ritter, Josef Saal, Karl-Heinz Sonntag
Unter Mitarbeit von: Marion Barmeier, Wolfram Bäurle, Joachim Boldt, Heinz Joachim Ciprina, Dr. Klaus Hell, Günter Herzig, Barbara Hoppe, Wolfgang Kugel, Johann Leupold, Michael Maiworm, Anke Méndez, Uwe Pietrzyk, Hildegard Recke, Burkhard Schäfer, Till Stephan, Silva Wallaschek, Oliver Wegner, Charlotte Willmer-Klumpp

Redaktion: Barbara Haas
Herstellung: Elke Kurz, Waiblingen

Layoutkonzeption und Gestaltung: KOMA AMOK®, Kunstbüro für Gestaltung, Stuttgart
Umschlaggestaltung: KOMA AMOK®, Kunstbüro für Gestaltung, Stuttgart
Illustrationen: Matthias Balonier, Lützelbach; Joachim Hormann, Stuttgart; Jeanne Kloepfer, Lindenfels; Angelika Kramer, Stuttgart; Karin Mall, Berlin; Alfred Marzell, Schwäbisch Gmünd; Tom Menzel, Rohlsdorf; Otto Nehren, Achern; normaldesign, Schwäbisch Gmünd; Gerhart Römer, Ihringen
Reproduktion: Meyle + Müller, Medien-Management, Pforzheim
Druck: Firmengruppe APPL, aprinta druck, Wemding

Printed in Germany
ISBN: 978-3-12-068717-7